부자 아빠의 편지

How to Live an Extraordinary Life
by Anthony Pompliano
Originally Published in the UK by Harriman House Ltd, Petersfield of Hampshire in 2024.
www.harriman-house.com

Copyright ⓒ 2024 by Anthony Pompliano
All rights reserved.

Korean Translation Copyright ⓒ 2025 by The Business Books and Co., Ltd.
This Korean edition is published by arrangement with Harriman House Ltd, Petersfield of Hampshire through Danny Hong Agency, Seoul.

이 책의 한국어판 저작권은 대니홍 에이전시를 통해
저작권자와 독점 계약을 맺은 (주)비즈니스북스에게 있습니다.
저작권법에 의해 국내에서 보호를 받는 저작물이므로 무단 전재와 복제를 금합니다.

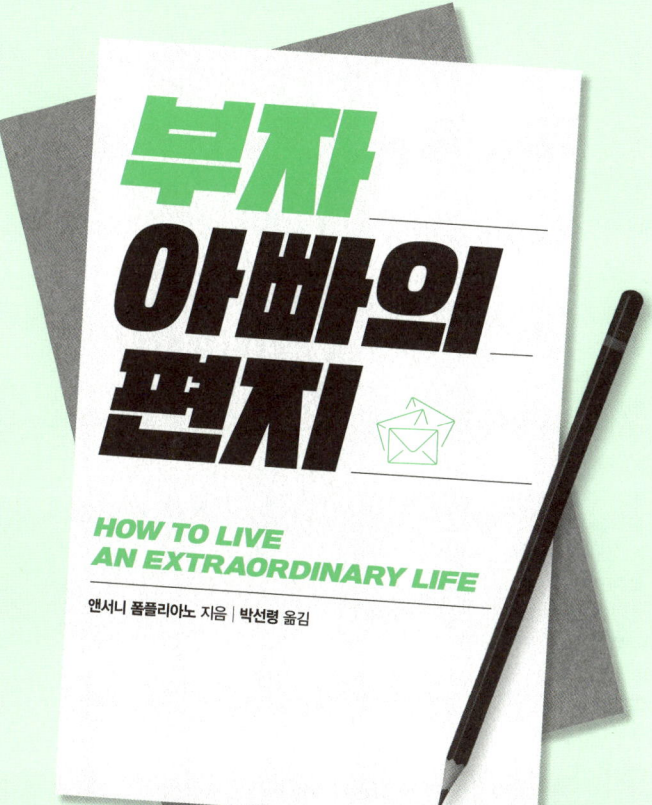

부자 아빠의 편지

1판 1쇄 인쇄　2025년 6월 20일
1판 1쇄 발행　2025년 6월 27일

지은이 | 앤서니 폼플리아노
옮긴이 | 박선령
발행인 | 홍영태
편집인 | 김미란
발행처 | (주)비즈니스북스
등　록 | 제2000-000225호(2000년 2월 28일)
주　소 | 03991 서울시 마포구 월드컵북로6길 3 이노베이스빌딩 7층
전　화 | (02)338-9449
팩　스 | (02)338-6543
대표메일 | bb@businessbooks.co.kr
홈페이지 | http://www.businessbooks.co.kr
블로그 | http://blog.naver.com/biz_books
페이스북 | thebizbooks
인스타그램 | bizbooks_kr
ISBN 979-11-6254-427-3　03320

* 잘못된 책은 구입하신 서점에서 바꾸어 드립니다.
* 책값은 뒤표지에 있습니다.
* 비즈니스북스에 대한 더 많은 정보가 필요하신 분은 홈페이지를 방문해 주시기 바랍니다.

비즈니스북스는 독자 여러분의 소중한 아이디어와 원고 투고를 기다리고 있습니다.
원고가 있으신 분은 ms1@businessbooks.co.kr로 간단한 개요와 취지, 연락처 등을 보내 주세요.

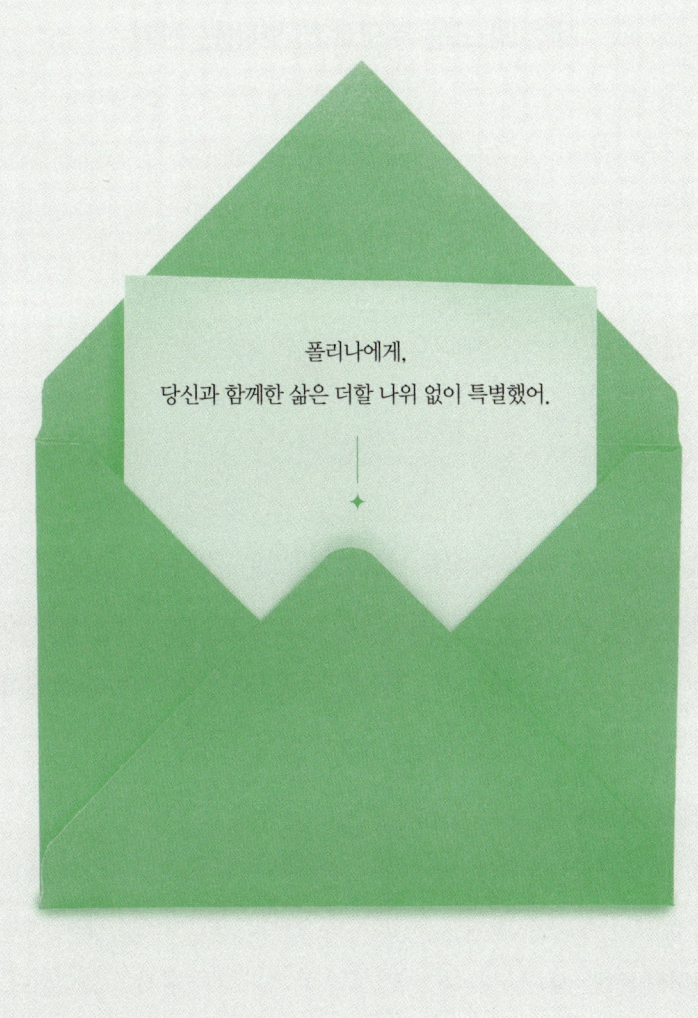

Letter 1.
들어가며

세상의 모든 부모에게 보내는 편지

제가 서른다섯 번째 생일을 맞이할 수 있을 거라고는 생각하지 못했습니다. 어린 시절 친구들이 커서 뭐가 되고 싶은지 물어보면 항상 이런 식으로 답했습니다. "글쎄, 뭐가 됐든 나는 서른다섯 살이 되기 전에 죽을 테니까 그 전에 목표를 달성할 거야."

왜 그런 생각을 하게 됐는지 정확한 이유는 잘 모릅니다.

아마도 10대 시절 항상 무모한 짓을 하고 다녔기 때문이지 않을까 싶습니다. 그래서 오래 살지 못할 거라고 막연히 생각했던 모양입니다. 저는 차 사고를 여러 번 냈고 주먹다짐을 하기도 했습니다. 스무 살에는 미군에 입대해 이라크 전쟁에 참전했고요. 20대 초반에는 오토바이를 타고 시속 160킬로미터 이상으로 달리는 걸 좋아했습니다. 그리고 또래 청년들에 비해 술도 많이 마셨고 파티도 즐겼죠.

솔직히 저는 매우 즐겁게 살아왔고, 지난 시간을 단 1초도 후회하지 않습니다. 그렇게 정신없이 살아서는 서른다섯 살을 넘기지 못할 거라고 생각했던 겁니다.

그런데 제 생각이 틀렸습니다.

저는 몇 달 전에 서른다섯 살 생일을 맞았습니다. 이제부터 제가 살아가는 하루하루는 '빌려 쓰는 시간'이라고 생각하기로 했어요. 이미 충분히 많은 것을 얻었기에 그 이상은 덤으로 여기려 합니다. 서른다섯 번째 생일이라는 중요한 이정표를 지나면서 지난 35년간 해왔던 일들을 전부 돌아보았습니다. 지금껏 서른 개 넘는 나라에 가봤고, 세상에서 가장 성공한 사람들을 만나봤습니다. 사랑하는 사람과 가정을 이루었으며, 수천 명의 사람이 더 나은 삶을 살고 경제적인 독립을 이룰 수 있도록 도왔습니다.

한마디로 특별한 삶을 살았습니다. 누구보다 많은 행운을 누렸고, 그만큼 뜨거운 순간들을 지나왔다고 생각합니다. 그 모든 순간이 지금의 저를 만든 시간이었습니다.

물론 요즘에는 오토바이를 타거나 시끄러운 파티를 즐기거나 전쟁터에 나가지 않습니다. 그런 시절은 오래전에 지나갔어요. 지금은 멋진 아내와 소중한 어린 자녀 두 명과 함께 삽니다.

가정을 이룬 후 저는 달라졌습니다. 그리고 저의 예전 모습과 현재 모습, 그리고 앞으로 되고 싶은 모습을 생각하면서 지금까지 배운 교훈을 담은 편지를 써서 아이들에게 전해야겠다고 생각했습니다. 무엇보다 언제 세상을 떠날지 모른다는 두려움이 제게 강한 추동력이 되어주었습니다. 서른다섯 살을 넘기지 못하고 세상을 떠날 수도 있다는 예전의 막연하고 불안한 예감이 다시 떠올랐기 때문이겠죠.

오랫동안 저를 알아온 사람들과 여러분 대부분은 저를 기업가나 투자자, 아니면 소셜 미디어에서 많은 팔로워를 보유한 사람으로 알고 계실 겁니다.

저는 그 삶을, 그리고 제가 이룬 것들을 자랑스럽게 생각합니다. 하지만 이제 제게 가장 중요한 일은 우리 아이들이 이 사회의 행복하고 생산적인 구성원이 되도록 잘 준비시키는 것입니다. 그래서 더욱 이 편지를 써야만 했죠.

처음에 썼던 편지 두 통이 다섯 통으로 늘어났고, 다섯 통이 다시 열 통으로 늘어났습니다. 어느샌가 아들딸에게 전하는 편지가 60통이 넘었더군요.

그렇게 편지를 쓰는 동안 깨달았습니다. 이 편지가 단지 내 아이들에게만 필요한 것이 아니라는 것을 말이죠. 전 세계의 많은 이에게 도움이 되기를 바라는 마음에서 편지글을 모아 이 책을 세상에 내놓으려 합니다.

  각 장에는 지금까지 살면서 배운 삶의 교훈들이 들어 있습니다. 각각의 교훈은 그 자체로도 의미가 있고 또 책의 다른 교훈과 함께 생각해볼 수도 있습니다. 때로는 서로를 보완하기도 하고 때로는 모순되기도 합니다. 하지만 인생이란 원래 수학처럼 정답 하나로 설명되는 게 아니기에, 그 모순들마저도 삶의 진실일 수 있다고 생각합니다.

  조언이란 언제나 상황과 맥락 속에서 해석되어야 해요. 그러니 이 책에 담긴 교훈들 역시 '하나의 정답'으로 이해하기보다는 삶에 도움을 주는 이정표 중 하나로 봐주시면 좋겠습니다.

  이 책을 쓰며 알게 된 흥미로운 점이 있다면, 사람들은 제가 모든 답을 알고 있으리라 생각한다는 것입니다. 하지만 결코 사실이 아닙니다. 저는 결코 완벽한 사람이 아니며 모든 것을 알고 있지도 않습니다. 저는 여전히 실수하고, 여전히 배우는 중입니다.

  앞으로 35년 동안 제가 다시 책을 쓰게 된다면, 지금보다 세 배는 길고 훨씬 더 많은 교훈을 담을 수 있기를 바랄 뿐입니다.

앤서니

차례

Letter 1 ○	**들어가며: 세상의 모든 부모에게 보내는 편지**	— 6
Letter 2 ○	작은 행동 하나가 삶의 태도를 꿰뚫는다	— 15
Letter 3 ○	오늘이 내일의 토대가 된다	— 20
Letter 4 ○	양심은 돌에 새기고, 자기 의견은 모래에 적자	— 25
Letter 5 ○	탁월한 사람은 시계를 보지 않는다	— 30
Letter 6 ○	일을 제대로 그리고 좋은 습관으로	— 35
Letter 7 ○	세상에서 가장 큰 기쁨은 무언가를 만드는 일	— 39
Letter 8 ○	신중하게 고민할 것인가, 신속하게 행동할 것인가	— 44
Letter 9 ○	끝내 해내는 사람만이 얻는 것	— 48
Letter 10 ○	행운은 진짜가 아니다	— 53
Letter 11 ○	좋은 게 나쁠 수도 있고 나쁜 게 좋을 수도 있다	— 57
Letter 12 ○	하루에 두 페이지씩 쓰면 언젠가 한 권이 된다	— 62
Letter 13 ○	최악의 상황은 아니니까 괜찮다는 안일한 생각	— 66
Letter 14 ○	정체성은 자신의 이름에 붙들어둘 것	— 71
Letter 15 ○	2년에 한 번씩 직장을 옮겨라	— 76

Letter 16 ○	95퍼센트를 움직이는 결정적 5퍼센트	— 81
Letter 17 ○	상사의 책상 위 쌓인 일을 덜어주자	— 86
Letter 18 ○	나쁜 소식은 시간이 지나도 좋아지지 않는다	— 91
Letter 19 ○	성공을 부르는 최고의 시간 관리법	— 96
Letter 20 ○	이불만 잘 개어도 인생이 펴진다	— 101
Letter 21 ○	원칙을 지켜야 할 때, 원칙을 깨야 할 때	— 105
Letter 22 ○	누구도 나를 함부로 대하게 두지 마라	— 110
Letter 23 ○	내가 하기 싫은 일은 남도 하기 싫다	— 115
Letter 24 ○	기회를 끌어들이는 자석이 되자	— 120
Letter 25 ○	모든 멋진 일은 작은 질문에서 시작된다	— 125
Letter 26 ○	특별한 이유가 없어도 친구에게 전화를 걸자	— 131
Letter 27 ○	사람들과 대화할 때 가장 많이 해야 하는 일	— 135
Letter 28 ○	너를 춤추게 하는 일에 정답이 있다	— 139
Letter 29 ○	직접 만나야만 얻게 되는 것들이 있다	— 144
Letter 30 ○	영웅이 동료보다 더 중요하다는 착각	— 149
Letter 31 ○	특별한 사람과 특별한 대화로 인생을 채우는 법	— 153

Letter 32	○	누구와 함께 가느냐에 따라 여행의 풍경이 달라진다	— 157
Letter 33	○	아무도 신경 쓰지 않는다	— 161
Letter 34	○	친구를 멀리해야 할 때도 있다	— 165
Letter 35	○	천억 달러와도 바꿀 수 없는 것	— 170
Letter 36	○	세상은 구하는 자를 구해준다	— 174
Letter 37	○	불평에 에너지를 쏟는 사람, 경쟁에 에너지를 쏟는 사람	— 178
Letter 38	○	문제가 아니라 퍼즐로 여기자	— 183
Letter 39	○	언제나 남의 상황이 더 나아 보이는 법이다	— 188
Letter 40	○	계획이 틀어졌을 때 진짜 실력이 발휘된다	— 192
Letter 41	○	어린 시절을 핑곗거리로 이용하지 마라	— 196
Letter 42	○	단순하게 말하는 사람이 '진짜'다	— 200
Letter 43	○	침착함이 곧 유연함이고 유연함이 곧 신속함이다	— 205
Letter 44	○	바보와 논쟁하며 시간을 낭비하지 말자	— 211
Letter 45	○	사실이 바뀌면 생각도 바꿔라	— 215
Letter 46	○	비합리적인 사람과 합리적으로 지내는 건 어렵다	— 219
Letter 47	○	모든 논쟁에서 이길 필요는 없다	— 224
Letter 48	○	비교하는 순간, 지옥문이 열린다	— 227

Letter 49 ○ 삶의 질을 높여주는 콘텐츠 식단	—	232
Letter 50 ○ 정보가 기회이자 돈이다	—	237
Letter 51 ○ 좋은 아이디어는 기록에서 나온다	—	242
Letter 52 ○ 돈을 많이 버는 것보다 적게 쓰는 것이 먼저다	—	247
Letter 53 ○ 일찍 매도하는 사람이 수익을 얻는다	—	251
Letter 54 ○ 좋은 자산을 사서 '영원히' 보유하자	—	256
Letter 55 ○ 사진은 시간 속에 얼어붙은 기억이다	—	261
Letter 56 ○ 세상을 바꾸는 건 늘 이상한 것들이다	—	266
Letter 57 ○ 앉아만 있어서는 특별한 삶을 살 수 없다	—	270
Letter 58 ○ 인생은 한 편의 다큐멘터리처럼	—	275
Letter 59 ○ 우리는 모두 죽을 운명이다	—	279
Letter 60 ○ 선택의 순간, 산책부터 하자	—	283
Letter 61 ○ 운동으로 극복하지 못할 스트레스는 없다	—	288
Letter 62 ○ 어떤 표정으로 하루를 시작할 것인가	—	292
Letter 63 ○ 매일 밤 의사를 찾아가라	—	296
Letter 64 ○ 직감은 곧 알고리즘이다	—	300
Letter 65 ○ 편지는 타임캡슐과도 같다	—	305

Letter 2.

작은 행동 하나가
삶의 태도를 꿰뚫는다

소피아와 레오에게

　우리 삶의 모든 부분은 작고 사소한 일들로 이루어져 있단다.
　너희가 하는 일이나 소중히 여기는 관계, 주변 평판에 이르기까지 크고 중요한 일은 전부 수많은 작은 일들이 모여서 이루어지는 법이지. 하지만 우리는 이런 작은 일을 쉽게 잊곤 해. 별로 중요하지 않은 일이라서 큰 계획에 비하면 그리 대수롭지 않아 보이거든.
　하지만 살면서 사실은 그 반대라는 걸 깨달았어. 작은 것 하나를 보면 열을 아는 법이란다.

아빠는 2008년에 미 육군 보병대 소속으로 이라크에 배치되어 있었단다. 그때 우리 부대원들은 몇 시간씩 지정된 구역을 순찰했어. 이런 순찰은 보통 밤늦은 시간에 어둠을 틈타 진행되었지. 그렇게 야간 순찰을 하다 보면 사막의 모래바람 때문에 우리 팀원들의 몸과 트럭, 무기가 온통 모래에 뒤덮이곤 했어.

순찰을 마치고 돌아오면 다들 기진맥진한 상태가 되니까 그대로 잠자리에 들고 싶은 생각이 굴뚝 같았지. 하지만 부대장은 트럭과 무기에 쌓인 모래를 꼼꼼히 털어내기 전까지는 절대 자러 가서는 안 된다고 단단히 주의를 줬단다.

다시 말해 아무리 피곤해도 잠자리에 들기 전에 다음 임무를 위한 준비를 해야 한다는 이야기지. 갑작스러운 사태로 급히 다음 임무를 수행하러 가야 할 때도 있으니, 미리 준비를 시킨 걸까? 사실 그런 일은 거의 없었어. 그럼에도 혹시 모를 사태에 대비해서 만반의 준비를 해두길 원했던 거야.

그런데 여기엔 놀라운 사실이 있단다. 부대장은 우리가 임무를 마치고 돌아와 트럭이나 무기를 청소했는지 안 했는지 확인한 적이 한 번도 없었단 거야.

왜 그랬을까?

확인할 필요가 없었기 때문이야. 무기를 손질하는 일은 '자신'을 위한 행동이 아니라는 걸 우리 모두 알고 있었거든. 사실 무기 손질은 이타적인 행동이었어. 언젠가 팀원들을 도와야 하는 상황이 생겼을 때 그 무기가 제대로 작동되도록 하기 위한 준비였지. 그래서 아무리 피곤해도 잠들기 전에 반드시 시간을 내어 무기를 꼼꼼히 점검했어.

완전히 지친 상태에서도 잠자러 가기 전에 시간을 들여 무기를 꼼꼼히 손질하는 사람은 팀 전체가 믿고 의지할 수 있는 사람이야. 그런 사람은 약속을 잘 지킬뿐더러, 모든 임무에 철저히 대비하겠지. 또 팀원들을 잘 돌볼 테고, 팀원을 절대로 적지에 남겨두고 오지 않을 거야. 이런 사람은 작은 일도 허투루 넘기지 않고 세부 사항에 주의를 기울이는 그런 유형의 사람이지.

하나를 보면 열을 알 수 있다는 사실을 기억하렴.

중요한 건 자기가 어떤 유형의 사람이 되고 싶은지 정하는 거란다. 너희는 어때? 시간을 잘 지키니? 약속한 일도 다 처리하고 맡은 일은 항상 완수하니? 세부 사항에도 주의를 기울이고? 자기 팀원들을 책임지고 돌보는 편이야?

어떤 사람이 되고 싶은지 정하면 곧바로 그런 사람처럼 행동하게 된단다. 아빠는 그걸 '꿈꾸는 자아'라고 부르고 싶어.

예를 들어 시간을 잘 지키는 사람이 되고 싶다고 해보자. 그렇다면 약속 시간에 딱 맞춰 도착하는 게 아니라, 몇 분 먼저 도착하는 습관을 들이는 거야. 그렇게 하면 '나는 결코 약속에 늦지 않는 사람'이라는 자부심이 생길 테지. 처음엔 아무도 눈치채지 못하겠지만 시간이 지나면 너희는 '언제나 시간을 잘 지키는 사람'이라는 평판을 얻게 될 거야.

그리고 주위 사람들은 또 뭘 알게 될까? 너를 신뢰할 수 있는 사람이라고 생각하고 의지할 거야. 시간을 잘 지키는 사람은 곧 약속을 잘 지키는 사람이니까.

어떤 사람이 되고 싶은지, 또 그런 사람은 어떤 행동을 할 것 같은지 잘 생각해보렴.

작은 것부터 시작해야 해. 작은 것들이 모여서 큰 걸 만드니까. 그래서 하나를 보면 열을 알게 되는 거란다.

아빠가

무엇보다 일관성이 중요하다.
작은 노력도 꾸준히 반복하다 보면
어느 순간 탁월함으로 변모한다.

Letter 3.

오늘이 내일의
토대가 된다

소피아와 레오에게

너희가 오늘 하는 일은 내일을 위한 연습일 뿐임을 기억하렴.

우리는 이 사실을 알고 있으면서도 자주 잊어버리곤 하지. 왜냐하면 오늘 하는 일이 마치 지금까지 해온 일 중 가장 중요한 일처럼 느껴질 때가 많기 때문이야. 지금 맺은 관계가 영원할 것 같고, 오늘의 내가 어제보다 훨씬 똑똑해진 것처럼 느껴지기도 하지.

하지만 미래에 대해 고민하는 걸 멈춰서는 안 돼.

아빠도 예전에 처음 회사를 세웠을 땐 평생 그곳에서 일하게 될 줄 알았단다. 가장 친한 친구들과 함께 만든 회사였고 우리가 가진 아이디어와 기술도 흥미로웠거든. 다른 사람 밑에서 일할 필요도 없었고 수익도 점점 늘어났어. 그래서 오래도록 함께할 거라고 생각했지. 적어도 그땐 말이야.

하지만 1년도 안 되어 그 회사에서 평생 일하는 건 불가능하다는 걸 깨달았지. 앞으로 6개월도 버티기 힘들 거란 예감이 들었어.

당시 나는 20대 초반이었고 열정이 가득했어. 하고 싶은 일도 무척 많았지. '왜 앞으로 40년 동안 지금 이 일만 계속해야 하지?'라는 의문이 들더구나. 1년만 지나도 많은 게 바뀌는데 말이야.

그래도 그 회사를 세운 건 결코 시간 낭비가 아니었어. 그때의 경험이 평생 몰두하고 싶은 '기업가정신'의 토대가 되어줬거든.

첫 번째 회사를 설립했던 경험은 두 번째 회사를 만들기 위한 완벽한 연습이 되었어. 두 번째 회사는 규모도 더 컸고, 고객들의 문제를 보다 효과적으로 해결하면서 돈도 더 많이 벌었지. 첫 번째 회사를 설립해서 18개월간 운영했던 경험이 없었다면 두 번째 회사를 시작하지 못했을 거야.

두 번째 회사를 매각한 뒤에는 페이스북(너희는 메타로 알고 있겠지만 아빠 때는 페이스북이었어)에 들어가서 제품 홍보와 기업 성장을 위한 팀의 운영을 맡았어. 아빠는 빠르게 성장하는 이 거대 기업에서도 금세 성과를 냈단다. 어떻게 그게 가능했느냐고? 회사 두 개를 직접 운영했던 경험 덕분이었지. 그게 세계적인 기업에서 수준 높은 팀을 이끄는 데 필요한 토대가 되어주었어.

아빠는 경력의 모든 단계마다 이와 똑같은 패턴을 따랐단다.

한 가지 직업이나 기업, 제품을 통해 얻은 경험을 그다음 직업과 기업, 제품의 발판으로 삼은 거야. 당시에는 그게 연습이었다는 사실을 깨닫지 못했지만 돌이켜보면 항상 그랬던 게 분명해.

이건 단지 일에만 해당하는 이야기가 아니야.

너희 엄마와 나는 서로 만나기 전에 각자 몇 번의 연애를 했단다. 그리고 그 경험들이 우리 관계에 많은 도움을 주었지. 만약 내가 어리고 미숙했을 때 엄마를 만났다면 아마 아빠는 엄마한테 차였을 거야. 솔직히 예전의 나는 누군가와 지속적인 관계를 어떻게 맺어야 하는지 잘 몰랐거든.

처음 사귄 애인은 내가 더 매력적인 사람이 되는 법을 깨우치도록 도와줬어. 두 번째 애인은 남의 감정에 잘 공감하는 친절하고 책임감 있는 사람이 되도록 도와줬고. 그리고 내가 정말 사랑하는 사람과 함께 살아가는 데 필요한 기술과 경험을 갖출 때까지 그런 과정이 되풀이되었지.

아빠는 10대나 20대 초반에 너희 엄마를 만나지 않은 것에 매일 감사한단다. 그때의 나는 인생에 대한 경험이 부족했고, 연애라면 더더욱 잘 몰랐으니까. 엄마도 아마 비슷하게 생각할 거야.

사람은 성공적인 인생을 위한 기술과 경험, 지식을 다 갖추고 태어나지 않는단다. 그건 시간이 지나고 많은 연습을 통해 하나씩 익혀가는 거지. 직장은 물론이고, 인간관계, 취미생활 등 모든 것에 해당하는 이야기야.

오늘은 내일을 위한 연습이니까 하루하루 배우게 될 다양한 교훈에 주의를 기울이렴. 그 경험들이 분명 미래에 큰 도움이 될 거야.

아빠가

오늘 누군가의 일상을 들여다보면,
그 사람이 어떤 미래를 살지 알 수 있다.

Letter 4.
양심은 돌에 새기고, 자기 의견은 모래에 적자

소피아와 레오에게

양심은 돌에 새기고 의견은 모래에 적으렴.

이 또한 말은 쉽지만 실천하기는 어려운 일이지. 이걸 실천하려면 엄격한 규율과 성숙한 태도가 필요하거든.

사람들은 대개 자기 생각을 절대 바꾸려 하지 않거나 너무 쉽게 바꾸곤 해. 왜 그럴까? 그건 사람들이 지적으로 게으르기 때문이란다. 최근에《재능의 법칙》이라는 책을 읽다가 천체물리학자 닐 디그래스 타이슨 Neil DeGrasse Tyson 이 진행한 사고 실험에 대해 알게 됐어.

이런 질문을 자신에게 던져보렴. 누군가가 모든 병을 치료해주는 수정을 팔겠다고 하면 어떻게 할 건지 말이야. 그 말을 다 믿을래, 아니면 바로 거절할래? 그리고 어느 쪽이 더 지적으로 게으를까?

타이슨은 이 두 가지 반응 모두를 지적으로 게으른 태도라고 했어. 그러면서 엉성한 생각에 대응하는 가장 좋은 방법은 회의주의라고 강조했지. 회의적인 태도를 가지려면 상대의 주장에 대해 탐색적인 질문을 던지면서 그 주장을 뒷받침할 근거가 있는지 직접 확인해야 하기 때문이야.

타이슨은 "참된 회의론자는 본인이 확신하지 못하는 부분에 의문을 제기하지만, 마음을 바꿀 만한 타당한 증거가 존재하면 이를 인정한다. 그것이 진실을 향한 올바른 탐구의 길이다."라고 말했어.

자기 생각만을 절대적으로 고수하려고 해서는 안 된단다. 상황에 따라 다양한 접근 방식이 있다는 사실을 이해해야 해. 세상에는 아주 미묘한 것 투성이거든.

이런 미묘함은 윤리 원칙과 개인적인 의견의 차이에서도 잘 드러나지. 윤리는 우리가 어떤 일을 할 때 지켜야 하는 기본적인 원칙이야. 결코 흔들려서는 안 되는 거란다. 돌에 새기듯 분명하게 마음에 새기고 항상 원칙에 따라 올바른 선택을 해야 해.

윤리적인 문제를 마주하면 늘 같은 결정을 내려야 하고 이 부분은 평생 변하지 않아야 한단다. 옳고 그름을 구별하는 능력은 세상을 살아가는 데 꼭 필요한 기본기이기 때문이야.

하지만 의견은 달라.

의견은 자기가 하는 일에 대한 생각이란다. 어떤 사실이 달라지면 의견도 달라져야 하지. 그러니까 의견은 잘 지워지는 모래 위에 쓰도록 하자.

이때는 사고의 유연성이 가장 중요해. 평생 모든 주제에 대해 똑같은 의견을 고수한다면 교훈을 얻거나 성장하지 못할 거야. 본인 입장을 평가하는 데 필요한 작업도 못할 테고. 경직된 태도를 취하지 말자꾸나. 또한 자기 아이디어에만 집착해서도 안 돼.

사람들은 윤리적인 원칙과 자신의 의견 사이에서 적절한 균형점을 찾으려고 오랫동안 다양한 시험을 해왔어.

예전에 라스베이거스에서 열린 콘퍼런스에 참석한 적이 있었는데, 한 남자가 다가와 자신의 사업 아이디어를 들려주더구나. 그의 말만 들으면 돈을 잘 벌 수 있을 것 같았어. 사업 모델도 분명해 보였고 수익성도 높아 보였거든.

하지만 곧 한 가지 문제가 눈에 들어왔어. 그의 아이디어는 결국 경제적으로 어려운 사람들을 속여 이익을 얻는 구조였던 거야. 겉으로 보면 가능성 있는 사업처럼 보였지만, 본질은 다른 사람의 고통을 이용해 돈을 버는 방식이었던 거지.

그가 회사 홍보를 시작한 지 몇 분도 안 되어 나는 절대 그 회사에 투자하지 않겠다고 생각했지. 그 사업을 통해 돈을 벌 수는 있겠지만, 내 양심은 그와 그가 설립한 조직에서 최대한 멀리 도망치라고 충고했단다.

하지만 아빠는 내가 투자를 피하는 것만으로는 충분하다고 생각하지 않았어. 시간을 들여 그에게 그의 사업과 제품이 비윤리적인 이유를 자세히 설명했지. 확실한 윤리 원칙을 고수하려면 다른 사람이 그 틀을 위반하려고 할 때 모른 척 지나쳐선 안 된단다. 무엇이 문제인지 왜 그러면 안 되는지 설명해줘야 해.

이 일은 아빠가 사업을 하면서 내렸던 가장 쉬운 결정 가운데 하나였어.

양심은 돌에 새기고 자기 의견은 모래에 써야 한다는 사실을 잊지 않도록 하렴. 너희가 매일 그렇게 할 수 있는 힘을 갖게 되기를 바란다.

아빠가

내가 아는 가장 똑똑한 사람들은
1. 자신이 틀렸을 때 빠르게 인정한다.
2. 의견을 바꾸는 것을 두려워하지 않는다.
3. 어떤 주제와 관련된 모든 관점을 이해하려고 노력한다.

Letter 5.
탁월한 사람은 시계를 보지 않는다

소피아와 레오에게

　비범한 삶을 살려면 탁월한 성과를 많이 내야 해. 탁월한 성과란 인간관계일 수도 있고 회사 일이나 투자, 취미 활동일 수도 있어. 어느 분야든지 탁월한 성과는 하룻밤 사이에 생겨나지 않는단다. 우리 삶에서 가장 좋은 것을 얻으려면 시간이 걸리거든.
　뉴욕시의 고층 빌딩을 생각해보렴. 어느 날 갑자기 나타나 가볍게 손가락을 튕겨서 300미터 이상 솟아오른 건물을 만들 수 있는 사람은 없어. 중력이 우리를 방해하니까 그건 불가능해.

이런 건물은 차근차근 체계적으로 지어야 한단다. 엔지니어링 전문가가 몇 년씩 공들여 구조 계획을 세울 테지. 그러고 나면 현장 작업자들이 몇 달에 걸쳐 이 크고 무거운 건물을 지탱할 튼튼한 기초를 다질 거야.

그리고 기초가 완성되면 그 위에 한 층씩 건물을 쌓아 올리겠지. 높은 건물은 현대 건축이 이룬 경이로움 가운데 하나야. 이런 웅장한 구조물을 세우려면 수백 명의 노동자가 오랜 시간 동안 노력하고 정성을 들여야 한단다.

이 과정을 다 거쳐야만 비로소 사람들이 과거에는 불가능하다고 여겼던 물리적 구조물이 세상에 모습을 드러내게 되지.

훌륭한 일을 해내려면 시간이 걸리는 법이야.

이건 우리 인생의 어느 부분이나 마찬가지란다.

전 세계에서 가장 성공한 투자자 중 한 명인 워런 버핏을 예로 들어볼까? 버핏이 지금 같은 억만장자가 된 것은 40년 동안 꾸준히 투자한 덕분이야. 다시 말해 버핏은 40년간 올바른 결정을 내리고, 실수를 피하고, 인내심을 유지하려고 최대한 노력했어.

물론 결과적으로 그가 전략을 잘 세운 덕분이지. 하지만 미래를 장기적인 시각으로 내다보지 않았다면 그가 설립한 버크셔 해서웨이라는 회사는 지금 같은 성공을 거두지 못했을 거야.

이 글을 읽으면서 건설이나 투자는 네 삶과 아무 상관도 없는 일이라고 생각하겠지. 어쩌면 그 생각이 옳을지도 몰라.

그럼 모든 사람에게 적용되는 예를 하나 들어볼게. 바로 건강 문제란다.

체중을 줄이거나 근육을 키우려는 사람이 있다고 해보자. 자제력을 발휘해서 꾸준히 노력하지 않으면 원하는 결과를 얻지 못할 거야. 전문가들 말에 따르면 적절한 체중 감량은 일주일에 0.5킬로그램 정도씩 줄이는 거라고 해.

그러니까 체중 10킬로그램을 줄이고 싶다면 목표 달성을 위해 거의 6개월간 부지런히 노력해야 한다는 이야기지. 이때 짧은 기간을 정해놓고 그 기간에 소모하는 칼로리보다 적은 칼로리를 섭취하는 것만으로는 충분하지 않아. 그리고 체중이 줄었다고 해서 금세 예전 식단으로 돌아가서는 안 돼. 평생 건강한 식단을 유지해야 체중도 유지할 수 있으니까.

핵심은 오랫동안 꾸준히 노력해야 한다는 거야.

우리는 단기적인 성과나 이익만 중요하게 여기는 사회에 살고 있어. 그래서 대부분의 사람은 이런 장기적인 시간 개념을 이해하지 못한단다. 이건 인간 본성의 일부이기도 하지. 다들 당장 눈에 보이는 성과를 원하거든. 하지만 짧은 시간 동안 빠르게 해내는 일은 질이 별로 좋지 못한 경향이 있어.

다시 말해 오랫동안 인내심을 발휘해 양질의 성과를 거둔다면 남들과의 경쟁에서 유리한 입장에 서게 된다는 뜻이야.

  훌륭한 사업을 일구고 건강을 챙기고 사랑이 넘치는 행복한 가정을 꾸리도록 하렴. 하지만 빨리 성과를 내려 조급해하지 말아라. 인내심을 발휘하면서 지속적으로 노력하지 않는다면 그 어떤 결과물도 오래가지 못할 거야. 인생을 살아가는 손쉬운 방법 같은 건 없기 때문이지.

  탁월한 성과를 거두려면 시간이 걸린다는 걸 명심하길 바란다.

아빠가

유리도 씹어 먹을 정도의 열정을
10년 동안 유지할 의지가 있다면
당신의 성공 확률은 월등히 높아진다.

Letter 6.

일을 제대로
그리고 좋은 습관으로

소피아와 레오에게

비범한 삶에도 일정한 루틴이 필요해.

인간은 습관의 동물이라고들 하잖니. 어떤 일을 할 때 확실하게 자리 잡은 루틴이나 습관이 있으면 몸이 자동으로 움직이고 일을 쉽게 처리할 수 있단다.

물론 인생의 아주 특별한 순간에는 그런 식으로 움직이고 싶지 않겠지. 하지만 평범하면서도 중요한 일상의 일들을 잘 해내려면 좋은 습관을 들여두는 것이 좋아.

매일 잊지 않고 종합 비타민제를 복용하고 싶니? 침대맡에 영양제를 두고 잠들기 전에나 일어나서 바로 먹는 습관을 들여보렴. 매일 활력 넘치는 날을 보내고 싶니? 매일 정해둔 시간에 헬스장에 가는 루틴을 지켜봐. 한 달에 책 한 권은 꼭 읽고 싶니? 잠자리에 들기 전에 30분씩 독서하는 습관을 들여보는 거야. 아침마다 소중한 사람에게 기분 좋은 칭찬의 말을 건네고 싶다고? 습관이 될 때까지 매일 되풀이해보렴.

루틴이 정해져 있으면 굳이 생각하지 않아도 우리 몸과 마음이 정해진 일을 자동으로 수행한단다.

이쯤 되면 "그럼 어떻게 해야 좋은 습관을 들일 수 있나요?"라고 묻고 싶겠지?

베스트셀러《아주 작은 습관의 힘》의 작가 제임스 클리어 James Clear는 습관 형성의 과정을 신호, 열망, 반응, 보상 이렇게 간단히 네 부분으로 나눠서 설명했어.

신호는 어떤 행동을 시작하게 해주는 거야. 열망은 결과를 얻고자 하는 동기를 안겨주고, 반응은 네가 신호를 받고 실행에 옮기는 작은 습관이야. 보상은 그 습관을 실행한 후에 생기는 일이지. 우리의 일상에서는 이런 강력한 주기가 계속 반복된단다.

나는 제임스 클리어 덕분에 제대로 지시를 내리기만 하면 원하는 루틴을 실행하도록 우리 몸을 조정할 수 있다는 걸 알게 됐어.

습관을 기르는 건 매일, 매주, 매달, 매년 자기가 하고 싶은 행동을 힘들이지 않고 반복하는 가장 좋은 방법이야.

어떤 일을 잊지 않고 꼭 하겠다고 자신에게 거짓말을 할 수도 있어. 하지만 자신을 속이는 게 무슨 소용이겠니. 결국 잊어버릴 텐데. 또 불굴의 의지력을 발휘해 크고 담대한 목표를 달성하겠다고 다짐할 수도 있어. 하지만 예측 불허의 상황이 발생하면 포기하게 되지.

곤경에 처한 자기 삶을 구하는 영웅이 되려고 해서는 안 돼. 그보다는 애초에 그런 곤경에 빠지지 않도록 막아주는 좋은 습관을 들이는 게 중요하지. 몇 주 정도 시간을 투자해서 올바른 습관을 들이면 평생 도움이 될 거야.

"일을 엉망으로 하면 오래 걸리고, 제대로 하면 금방 끝난다." 군대에서는 이런 말을 자주 한단다. 좋은 습관은 그것 자체로도 훌륭하지만 일을 쉽고 편하게 만들어주는 효과도 있어.

그러니까 좋은 습관을 들이도록 하자.

아빠가

좋은 습관을 들이고 꾸준히 노력하라.
나머지는 저절로 해결된다.

Letter 7.
세상에서 가장 큰 기쁨은 무언가를 만드는 일

소피아와 레오에게

살면서 가장 큰 성취감을 얻는 방법은 뭔가 가치 있는 것을 만드는 거야.

새로운 걸 만들려면 낙관적인 태도가 필요해. 너희가 살고 싶은 미래 세계를 상상하고, 그 세계를 현실로 만드는 데 시간과 돈, 에너지를 투자해야 한단다.

아빠는 지금까지 소중한 추억부터 회사에 이르기까지 수천 가지를 만들어왔단다. 그 모든 것이 내 머리와 마음에 긍정적인 기분을 안겨줬어. 그중에서도 가장 기억에 남는 두 가지는 가정을 이룬 것과 다른 사람들이 회사를 설립하도록 도운 일이야.

가정을 이룬 건 내 인생에서 가장 소중한 업적이란다. 너희 엄마와 나는 멋진 가정을 이루기 위해 차근차근 기반을 다지려 노력해왔어. 우리는 가장 친한 친구이자 서로를 진심으로 존중하는 동반자야. 그래서 언제나 상대방이 성공하는 모습을 보고 싶어 하고, 둘이 함께 나이 들어가며 특별한 삶을 만들어가고 싶어 하지.

우리가 생각하는 특별한 삶에는 아이들을 낳고, 그 아이들이 행복하게 살면서 이 사회의 생산적인 구성원이 되도록 키우는 일도 포함되어 있어.

우리는 아이들을 어떻게 키우고 싶은지 이야기하면서 긴 밤을 보내곤 했단다. 아이들에게 어떤 가치관을 심어줄까? 아이들이 꼭 배워야 할 필수적인 기술은 무엇일까? 우리는 어떤 교육 방식을 추구하며 또 어떤 부모가 되고 싶은 걸까?

아주 세부적인 부분까지 다 의논했어. 무엇보다도 너희들을 야심만만하고 독립적인 어른으로 키우고 싶었지. 열심히 일하는 것의 중요성을 아는 의욕적이면서도 사랑스러운 가족을 꾸리고 싶었어. 그러려면 너희가 이런 가치를 자연스럽게 받아들이도록 키우는 게 중요했고. 물론 그건 정말 어려운 일이야.

너희 엄마와 나는 결코 완벽한 부모는 아니지만 우리가 일군 가정을 자랑스럽게 생각한단다. 그래서 너희들이 각자의 열정을 추구하고 또 자신이 선택한 분야에서 성공을 거두는 모습을 보면서 큰 기쁨을 느껴. 지금 소피아가 열정을 품은 대상은 발레고, 레오는 기어 다니는 법을 배우는 데 열심이지.

가정을 이루는 건 정말 멋진 일이란다.

가족을 꾸리는 것과 회사를 세우는 일은 비슷한 점이 많아. 나는 수백 개의 기업이 초기 단계에서 벗어나 확장 가능한 운영 단계로 성장할 수 있도록 작은 도움을 줬어. 때로는 직접 회사를 설립하기도 하고 자본을 투자하거나 투자해줄 만한 사람에게 소개해주기도 했고, 조언과 격려만 해준 경우도 있지.

모두 우리 사회가 겪고 있는 가장 힘든 문제 몇 가지를 해결해주는 회사로 성장했어.

그중에는 재택 진단 검사의 선구자인 에벌리 웰니스Everly Wellness, 미국인들이 초과 인출 수수료를 절약하도록 도와주는 브리짓Brigit, 우주에서 의약품을 제조하는 바르다Varda, 사람들이 매일 숙면을 취하도록 도와주는 에잇 슬립Eight Sleep, 비트코인 구매를 돕거나 인플레이션의 영향에서 저축을 보호할 수 있게 해주는 스트라이크Strike 같은 회사들이 있지.

수년간 사업에 몰두하다가 한발 물러나서 자신이 이룬 것을 바라보면 엄청난 보람이 느껴진단다.

살면서 할 수 있는 일은 정말 많지만 내가 가장 큰 보람을 느끼는 일은 무언가를 만드는 거야. 가족이나 사업, 커뮤니티, 취미가 될 수도 있지. 무엇이 됐든 자신이 소중하게 여기는 것을 만드는 일에 집중하렴.

가치 있는 것을 만들면서 느끼는 개인적인 즐거움이 그 어떤 금전적 보상보다 훨씬 크단다. 우리 삶과 영혼을 풍요롭게 하거든. 너희들이 그 즐거움을 꼭 느껴봤으면 좋겠구나.

아빠가

창의성은 자기 목숨처럼 지켜야 한다.
늘 새로운 것을 탐색하자.

Letter 8.
신중하게 고민할 것인가, 신속하게 행동할 것인가

소피아와 레오에게

　행동하는 습관이 있으면 다른 이들보다 돋보일 수 있단다.
　세상에는 큰 꿈과 대담한 계획을 지닌 사람들이 아주 많아. 그들은 자기가 언젠가 놀라운 일을 해낼 거라고 늘 말하지. 하지만 그중에 자기가 말한 걸 제대로 실현하는 사람은 별로 없는 듯해.
　나도 20대 초반에 회사를 설립하기 전까지는 이런 사실을 이해하지 못했어. 두 번째로 세운 회사가 어려움을 겪었는데 어떻게 해야 상황을 호전시킬 수 있을지 그 방법을 몰랐지. 여러 가지 방법을 시도해봤지만 아무 효과도 없었단다. 우리가 뭘 잘못하고 있는 건지 몰라서 답답했지.

그래서 샌프란시스코에서 규모가 큰 기술 회사를 성공적으로 운영하고 있는 친구를 찾아갔어. 한 이틀 정도 사업 문제에서 벗어나 쉬고 싶은 마음도 있었고, 다른 한편으로는 친구가 좋은 조언을 해줬으면 하고 바랐거든.

그런데 아빠는 머리를 한 대 맞은 기분이었어. 친구에게 우리가 겪고 있는 문제를 설명하고 어떻게 하면 좋을지 물었더니 친구가 이렇게 되물었거든.

"그 문제와 관련해서 어떤 일을 하고 있어?"

그 말을 듣자마자 내가 어느 부분에서 잘못한 건지 바로 깨달았어. 행동에는 집중하지 않고 그 문제에서 벗어날 방법을 찾으려고만 했던 거야. 한마디로 '과도한 분석 때문에 무능력 상태'에 빠져 있었던 거지.

집에 돌아오자마자 바로 행동에 나섰어. 다행히 몇 가지 방법을 시도한 끝에 회사를 살릴 수 있었단다. 직원을 몇 명 해고하고, 효과적인 마케팅 채널에 돈을 더 투자하고, 제품을 완전히 재설계했지.

정말 쉽지 않았어. 다시는 그런 일을 하고 싶지 않아. 하지만 그 일로 신속하게 행동에 나서야 한다는 교훈을 얻은 것은 항상 고맙게 생각하고 있단다.

행동에 나서는 것보다는 하루 내내 꿈꾸고 계획만 세우는 편이 훨씬 더 쉬울 거야. 현실의 벽에 부딪혀 내 생각이 틀렸다는 걸 확인하고 좌절할 위험도 없으니까. 행동하지 않으면 상처받을 일도 없고 고통도 없을 거야.

하지만 당연히 진전도 없을 테지.

아빠는 다양한 산업 분야에서 성공을 거둔 수백 명의 사람들을 연구했어. 그들에게는 한 가지 공통된 특성이 있었단다. 그건 바로 빠르고 결단력 있게 행동할 수 있는 용기가 있다는 점이야.

어떤 업계든 모든 회사는 일을 끝까지 완수하는 사람을 원해. 장담할 수 있어. 가장 똑똑하거나 가장 경험이 많은 사람이 될 필요는 없지만 일을 처리할 때 모두가 신뢰하고 의지하는 사람이 되어야 해. 그럴 수만 있다면 오랫동안 경력을 쌓으면서 많은 수입을 올릴 수 있을 거란다.

행동하지 않는 사람이 많은 요즘 세상에서는 신속하게 행동에 나서는 사람이 눈에 띌 수밖에 없거든. 꼭 행동하는 사람이 되어주면 좋겠구나.

아빠가

노력은 행동을 만들고
행동은 결과를 낳는다.

Letter 9.

끝내 해내는
사람만이 얻는 것

소피아와 레오에게

어떤 일을 시작했으면 반드시 마무리하는 게 중요해.

예상했던 것보다 시간이 오래 걸리거나 생각보다 어렵더라도 말이야. 어떤 작업이나 목표를 완수하면 다음 작업을 수행할 자신감이 생기거든.

엄마는 레오를 낳은 뒤에 규칙적인 운동 습관을 다시 들이는 데 도움이 될 목표를 세우고 싶어 했어. 그래서 몇 달 뒤에 열리는 하프 마라톤 완주를 목표로 삼았지. 그 대회에 참가하려면 그만한 체력을 갖추기 위한 준비가 필요했단다. 그래서 엄마는 주중에 몇 번씩 짧은 거리를 달리고 주말에는 장거리를 달리면서 연습했어.

난 너희 엄마가 몇 달 동안 단 하루도 빠지지 않고 달리기 연습을 계속하는 모습을 지켜봤어. 덕분에 매주 조금씩 실력이 늘어났지. 갈수록 속도도 점점 빨라지고 달리는 거리도 늘어났어. 엄마가 목표로 정한 중요한 대회 날까지 그런 작은 승리가 계속 쌓여갔단다.

그런데 문제가 하나 생기고 말았지.

하프 마라톤 전날 너희 엄마와 내가 심한 식중독에 걸린 거야. 아빠는 전날 저녁에 먹은 초밥 때문이라고 생각했고 엄마는 점심에 먹은 피자 때문일 거라고 했어. 원인이 무엇이든 간에 우리 둘 다 꼼짝도 못 할 만큼 아팠지.

구토와 설사가 멈추지 않아서 음식은 고사하고 물 한 모금도 마시지 못했어. 기운이 없어서 계속 누워 있었고 그저 자고 싶다는 생각뿐이었단다.

그래서 그렇게 했지.

화장실을 오가는 사이사이 틈새 시간에 최대한 많이 자려고 했단다. 하지만 경기 당일 새벽 4시쯤 되자 몇 시간 뒤에 열리는 하프 마라톤에 너희 엄마가 참가할 수 없다는 사실이 분명해졌어.

엄마는 너무도 좌절했지.

두 시간 안에 하프 마라톤 코스를 완주한다는 목표를 위해 몇 달

동안 성실히 훈련했는데, 정작 경기 직전에 이런 일이 생겼으니 말이야.

우리는 아파트에서 한 발짝도 나가지 않은 채 어떻게든 몸을 회복하려고 노력했어. 하지만 결국 몸 상태는 좋아지지 않았고 엄마는 지금까지의 노력이 물거품이 되었다는 생각에 많이 괴로워했지. 너희 엄마가 그렇게 힘들어하는 모습을 보니까 마음이 아프더구나.

하지만 이 이야기는 여기서 끝나지 않았어.

며칠 뒤 엄마는 하프 마라톤을 하기로 다시 결심했어. 다음 주 토요일에 혼자 센트럴 파크에서 달리기로 한 거야. 공식적인 출발선이나 결승선도 없고 당연히 응원하는 군중도 없을 테지. 경로를 따라 배치된 물 공급소나 간식도 없을 테고. 엄마는 스마트워치로 진행 상황을 확인하면서 혼자 달려야 하는 거야.

그리고 실제로 그렇게 했단다. 그다음 주말에 너희 엄마는 센트럴 파크에서 두 시간 안에 21킬로미터를 완주했어. 난 너희 둘을 데리고 우리만의 결승선에서 엄마를 기다렸지.

너희 엄마는 공식적인 경기에는 참가하지 못했지만 시작한 일을 끝마쳤어. 엄마는 하려고 마음먹은 일을 마무리하는 게 중요하다고 생각했고 그걸 실천한 거야.

아빠는 그날의 기억을 소중하게 간직하고 있단다. 너희 엄마가 무척 자랑스러웠어. 무엇보다 불운을 극복하는 방법을 너희에게 알려줄 수 있어서 더욱 자랑스러웠지.

  엄마가 그랬던 것처럼 너희도 시작한 일은 반드시 끝을 냈으면 좋겠다. 다른 건 몰라도 자신과의 약속을 지켰다는 사실만으로도 자랑스러울 거야. 결국은 그게 가장 중요한 일이란다.

아빠가

위대한 일을 이루려면
약간의 집착이 필요하다.

Letter 10.

행운은
진짜가 아니다

소피아와 레오에게

 사람들은 "운이 세상을 지배한다."는 말을 하곤 해. 적어도 겉으로는 그렇게 보이기도 하고.
 성공한 사람은 자기가 운이 좋았다고 말하고, 끔찍한 일을 겪은 사람은 운이 없어서 그랬다고 주장하지. 이처럼 '행운'이라는 개념은 우리 주변 어디에나 존재하는 것처럼 보이곤 한단다.
 아빠가 이런 말을 해서 미안하지만 행운은 실제로 존재하는 것이 아니라 우리가 상황을 어떻게 바라보느냐에 따라 만들어지는 심리적인 개념이라고 생각해.

　아빠가 이라크 전쟁에 참전했을 때 이야기를 들려주고 싶구나. 아빠의 동료 군인 중에는 다친 이들이 많았어. 군인들은 뇌진탕부터 사지 절단까지 다양한 형태의 부상을 입었지. 부상을 입은 군인 중 일부는 자기가 운이 없어서 다쳤다고 생각했어. 반면 다르게 생각하는 군인도 있었지. 그렇게 충격적인 사건을 겪고도 살아남은 것에 감사하며, 운이 좋았다고 여기는 이들도 있었단다.

　그들 모두 부상을 바라보는 자신의 시각이 앞으로 살아갈 인생 궤적에 큰 영향을 미치게 될 줄은 몰랐을 거야.

　자신이 '불운하다'고 여긴 사람은 우울증에 걸릴 위험이 높았고, 자꾸만 과거의 자신을 뒤돌아보며 절망에 빠져 살았지. 반대로 '운이 좋다'고 한 사람들은 인생에서 두 번째로 얻은 기회에 감사하면서 최대한 많은 것을 이루기를 기대했지.

　자기가 불운하다고 여기는 사람은 상황을 비관적으로 바라보지만, 운이 좋다고 생각하는 사람은 낙관적인 견해를 갖고 있어. 실제로 행운은 존재하지 않아. 운은 우리가 살면서 겪을 수 있는 모든 일의 결과에 대처하기 위해 머릿속에 만들어낸 개념일 뿐이야.

　운에 관해 이야기할 때는 보통 확률을 따진단다. 그럼 군인이 부상을 당할 확률은 얼마나 될까? 그건 수학적인 문제니까 여러 가지 요소를 분석해서 답을 얻을 수 있어. 하지만 행운과 관련해서는 그게 불가능하지. 행운은 심리적인 개념이니까.

그건 상황을 어떻게 바라보느냐에 따라 달라지는 거야. 두 사람이 똑같은 상황을 겪고 똑같은 결과를 얻었더라도 행운에 대한 평가는 아주 달라질 수 있어. 모든 건 그들 마음에 달려 있거든.

실제로 어떤 연구에 따르면, 운이 좋다고 믿는 사람들은 더 긍정적인 태도를 갖고 삶을 살아간다고 해. 이러한 긍정적인 태도는 새로운 기회를 발견하고 어려움을 극복하는 데 도움이 되지.

그러니 어떤 상황에서도 긍정적인 면을 찾아보려고 노력하자. 행운은 실제로 존재하는 것이 아니라 우리의 마음가짐에 달려 있다는 것을 잊지 말았으면 좋겠구나.

아빠가

행운은 수학적 개념이 아니라
심리적인 개념이다.
연구에 따르면 자기가 운이 좋은 사람이라고
생각하기만 해도 운이 더 좋아진다고 한다.
모든 건 생각하기 나름이다.

Letter 11.
좋은 게 나쁠 수도 있고
나쁜 게 좋을 수도 있다

소피아와 레오에게

너희들은 엄마와 아빠가 서로에게 "중국 농부 정신이 필요하다." 라고 말하는 걸 여러 번 들어봤을 거야. 이 말은 우리가 예전에 들었던 짧은 우화에서 나온 거란다.

옛날에 어떤 중국 농부가 키우던 말이 도망갔어. 그날 저녁, 소식을 들은 이웃들이 찾아와서 농부를 위로해줬대. "말이 도망갔다는 안타까운 소식을 들었어요. 정말 불행한 일이네요." 그러자 농부는 "그럴지도 모르죠."라고 말했지. 그런데 다음 날 그 말이 야생마 일곱 마리를 데리고 돌아온 거야. 저녁이 되자 사람들이 소문을 듣고 찾아왔지. "와, 정말 운이 좋네요. 상황이 아주 좋은 쪽으로 반전되어 이제 말이 여덟 마리나 생겼군요!" 농부는 이번에도 "그럴지도 모르죠."라고 말했어.

다음 날, 농부의 아들이 야생마를 길들이려다 말 등에서 떨어져 다리가 부러지는 사고를 당했지. 그러자 이웃들은 "맙소사, 정말 안타까운 일이 벌어졌군요."라며 위로했어. 하지만 농부는 역시 "그럴지도요." 라고 대꾸했지. 다음 날, 군대 징집관이 젊은이들을 징집하러 마을에 찾아왔단다. 그런데 농부의 아들은 다리가 부러진 상태라 징집을 피하게 되었어. 그러자 또 이웃들이 찾아와서 "정말 잘됐어요!"라며 축하해줬어. 농부는 뭐라고 답했을까? 맞아. 어김없이 "그럴지도 모르죠."라고 말했어.

이 이야기의 교훈은 뭘까? 인생에서 어떤 일이 일어나는 순간에는 그게 좋은 일인지 나쁜 일인지 알 수 없다는 거야. 지금 당장은 부정적으로 보이는 일이 나중에 생각지도 못했던 좋은 결과를 안겨줄 수도 있으니까.

시트콤 〈패밀리 가이〉 제작자인 세스 맥팔레인Seth MacFarlane과 배우 마크 월버그Mark Wahlberg의 일화를 들려줄게. 이 두 사람은 2001년

9월 11일에 아메리칸 항공 11편에 탑승할 예정이었어. 그런데 맥팔레인은 전날 밤 술을 잔뜩 마시고 숙취로 늦잠을 자는 바람에 10분 차이로 비행기를 놓쳤어. 그리고 월버그는 전날 갑자기 계획을 변경하고 티켓을 취소했어.

덕분에 두 사람은 9·11 테러 당시 세계무역센터 빌딩에 충돌한 비행기에 타지 않았지. 이런 걸 '새옹지마'塞翁之馬라고 해. 비행기 탑승 시간에 늦거나 마지막 순간에 계획을 취소하는 건 겉보기엔 부정적인 상황이야. 하지만 그 일이 결국 그들 생명을 구했지.

또 반대의 경우도 있단다. 좋은 소식 같았는데 시간이 지나면서 그 일 때문에 인생이 더 복잡해지거나 예상치 못한 부정적인 영향을 받을 수도 있어.

아빠 친구 중에도 단기간에 많은 돈을 벌었다고 기뻐했지만 얼마 안 돼서 삶이 무너진 사람들이 꽤 많단다. 배우자와 이혼하고 자녀 양육권을 잃고 고소를 당한 경우도 있었지. 결국 그들은 돈도 모두 잃었고, 한때는 큰 행운처럼 보였던 일이 오히려 인생의 악몽으로 끝나버리고 말았어.

너무 흥분하지도 말고 너무 화를 내지도 말아야 해. 모든 상황에 침착하고 냉정하게 대처하는 법을 익히도록 하렴. 세상은 이상한 방식으로 문제를 해결하니까.

그리고 어쨌든 나중에 돌이켜보기 전까지는 어떤 일이 자기 인생에 긍정적으로 작용했는지 아니면 부정적으로 작용했는지 알 수 없단다.

일희일비하지 않는 중국 농부의 태도를 기억하자꾸나.

아빠가

어떤 일을 '행운' 혹은
'불운'이라고 단정 짓는 것은
우연이라는 변수에 대처하기 위해
스스로에게 시도하는 심리적 속임수다.

Letter 12.
하루에 두 페이지씩 쓰면
언젠가 한 권이 된다

소피아와 레오에게

사람들은 누구나 미루는 버릇 혹은 무력감을 조금씩 갖고 있지. 심지어 부지런한 사람조차도 말이야. 이런 곤경에서 빠져나오는 방법은 매일 사소한 일부터 조금씩 해나가는 거란다.

큰 프로젝트나 어려운 과제에 직면했을 때 모든 걸 한꺼번에 끝내려고 해서는 안 돼. 그건 너무 어렵거든. 그보다는 해야 할 일을 아주 작은 단위로 쪼개는 편이 훨씬 낫단다.

베스트셀러 작가인 팀 페리스Tim Ferriss는 '하루에 대략적인 초안을 두 페이지씩' 쓰는 방법을 이용해서 아주 길고 유명한 책을 완성했대. 내용이 완벽할 필요는 없어. '대략적인' 초안 작성을 목표로 삼는다면 글을 아무리 대충 써도 그날의 목표를 이룰 수 있을 거야. 그리고 막상 해보면 하루에 두 페이지 정도 쓰는 데는 그리 많은 노력이 필요하지도 않고.

그렇다면 어째서 이 아이디어가 그렇게 대단한 걸까?

바로 이런 작은 진전이 쌓이고 쌓여 큰일이 이루어지기 때문이지.

나도 매일 이 교훈을 활용하고 있어. 편지글을 엮어서 구성한 이 책을 완성하려고 매주 일요일 밤마다 편지를 몇 통씩 썼단다. 매주 에피소드를 세 개씩 녹화해 전 세계에서 가장 인기 있는 비즈니스 팟캐스트를 만들었고. 또 아빠가 지금 하는 사업도 모두 날마다 조금씩 진전을 이루면서 하나하나 이뤄낸 것들이야.

하지만 '매일 작은 일을 조금씩' 해나가는 것의 가치는 그게 다가 아니란다.

아빠는 이런 체계가 실행에 대한 압박감을 줄여준다는 걸 알게 됐지. 압박감이 줄면 상대적으로 작업의 질이 더 높아지더구나. 기대치가 낮으면 심적 부담이 줄면서 오히려 작업 품질이 높아지고, 꾸준한 진전을 통해 많은 일을 할 수 있게 돼.

이런 식으로 작업을 거의 마치고 나면 세부적인 부분을 파고들어서 프로젝트를 완벽하게 다듬을 수 있어. 아이작 뉴턴은 이렇게 말했단다. "움직이는 물체는 계속 그 상태를 유지하려 한다." 잘 몰랐겠지만 이건 직장에서의 관성에도 적용되는 말이야.

추진력이 있어야 가치 있는 걸 만들 수 있지.

추진력을 생성한 다음 그걸 유지해야 해. 추진력이 생기면 일이 더 쉬워지거든. 아이디어가 더 많이 생기는 건 물론이고 더 많은 걸 생산하게 되지. 또 결승선이 더 구체적이고 또렷하게 보여.

추진력이 에너지를 만들고 에너지가 결과를 만든단다.

이 모든 것이 매일 대략적인 초안을 두 페이지씩 쓰는 것에서부터 시작된다는 걸 기억하렴. 작게 시작하는 거야. 그러면 천천히, 하지만 확실하게 공이 굴러가기 시작하고 다음 순간 첫 번째 초안이 완성될 거야.

규모가 큰 프로젝트는 작은 단위로 쪼개보렴. 작은 이정표를 여러 개 만들고 각 이정표에 도달할 때까지 집중적으로 노력을 기울여보는 거야. 우리가 할 일은 하루 두 페이지씩 대략적인 초안을 쓰는 것, 그게 다란다.

아빠가

매일 아침 자리에 앉아서 글을 쓰는 것은
독창적인 아이디어를 떠올리는 좋은 방법이다.
정보를 수집해서 취합한 뒤
주제에 대한 의견을 내도록 자신을 몰아붙이자.
생각하고 쓰는 과정에 비하면
결과물은 그리 중요하지 않다.

Letter 13.
최악의 상황은 아니니까 괜찮다는 안일한 생각

소피아와 레오에게

절대로 자신을 형편없는 것과 비교해서는 안 돼.

이건 아빠가 고등학교에 다닐 때 우리 아버지, 그러니까 너희 할아버지에게 얻은 교훈이란다. 할아버지는 이 말을 수도 없이 되풀이하셨지. 당시에는 듣기 싫었지만 나이가 들면서 할아버지 말이 옳았다는 걸 깨달았어.

고등학교 시절 내 목표는 부모님과 선생님에게 잔소리를 듣지 않을 정도로 최소한의 노력만 하는 것이었어. 학교 공부는 신경 쓰지 않았지. 교실에서 가르치는 내용 대부분이 실생활에 적용할 수 없다는 사실을 일찌감치 깨달았거든.

나는 학교를 졸업한 뒤 사회에서 필요한 지식에 훨씬 관심이 많았단다. 그러다 보니 책에서 얻는 지식보다 세상 물정을 직접 익히는 걸 중요하게 여겼어.

하지만 부모님은 확실히 나와 생각이 다르셨지.

너희 할아버지와 할머니는 내가 좋은 성적을 받는 게 중요하다고 생각하셨어. 고등학교 성적이 나쁘면 대학에 갈 수 없을 거라고 걱정하셨지. 그래서 성적표를 받을 때마다 아빠는 늘 똑같은 과정을 거쳐야 했어.

일단 성적표가 나오면 바로 보여드리지 않고 최대한 미적거리다가 보여드렸어. 마침내 성적표를 확인한 할아버지와 할머니는 내가 모든 과목에서 A를 받지 못한 것에 화를 내셨지. 그러면 난 이렇게 대들었어. "우리 반에는 나보다 성적이 나쁜 아이들도 있으니까 화내지 마세요." 그러면 또 두 분은 내가 최고의 성적을 받으려고 노력하는 게 아니라 최악의 성적만 면하려고 한다는 사실을 알고는 더 크게 화를 내셨단다.

그때 아빠는 이기려고 애쓴 게 아니라 그저 지지 않으려고만 한 거야.

아빠는 최고의 성적을 받으려고 애쓰지 않았어. 적당히 A와 B를 받을 만큼만 공부했고 가끔 C를 받아도 어쩔 수 없다고 생각했지. 그래도 D나 F는 받지 않았고 반에서 꼴찌도 아니었어. 나보다 성적이 나쁜 애들이 있는 이상 이 정도면 괜찮은 성적이라고 생각했던 거지.

타당한 생각처럼 보이지?

아니, 그렇지 않아.

바로 이런 방식에 할아버지와 할머니가 무척 화를 내신 거란다. 나는 전 과목 A를 받은 적이 한 번도 없었고, 두 분은 내가 성적표를 들고 올 때마다 실망하셨어. 할아버지와 할머니는 내가 우수한 성적을 올리길 기대하셨고, 내가 공들인 일에서 좋은 성과를 거두는 걸 보고 싶어 하셨거든.

나는 계속 반에서 성적이 가장 나쁜 친구를 비교 대상으로 삼았단다. 그러자 할아버지는 내가 발전을 꾀하거나 반에서 최고가 되려 하지 않는다는 점을 일깨워주셨어.

그러면서 "자신을 최악의 상황과 비교하지 말아라."라고 하셨지.

자기보다 성과가 나쁜 사람을 비교 대상으로 삼는다면 내가 그들보다 낫다는 생각에 안주하게 돼. 반대로 자기보다 성과가 뛰어난 사람과 자신을 비교하면 어떻게 될까? 그들을 따라잡아야 한다는 사실을 깨닫고 어떻게든 발전해야겠다는 생각을 하게 되지.

비교할 때는 기준점이 엄청나게 중요하단다. 최고의 성과를 올리는 이들에게 집중하면서 그들을 따라잡을 방법을 찾아야 해. 최고가 되는 유일한 방법은 최고를 이기는 것이니까.

자기가 최악은 아니라는 사실을 자축하는 데 집중한다면 결코 최고를 이길 수 없을 거야.

아빠가

대규모 사업을 일궈 성공하고 싶다면
프로 운동선수와 같은 방식으로 사업을 대해야 한다.
근면함, 기술에 대한 집착,
위대한 인물 연구, 반복.
이 요소는 운동선수와 기업가 모두에게 필요하다.

Letter 14.
정체성은 자신의 이름에
붙들어둘 것

소피아와 레오에게

정체성과 자신의 이름을 연결시켜야 해.

그러면 네가 소유한 것 중 가장 중요한 것, 즉 '너'라는 존재를 아무도 빼앗아갈 수 없게 될 거야.

왜 그런지 설명해줄게.

사람들은 대부분 자신의 정체성을 직업이나 지위, 돈이나 집, 배우자 같은 외적인 것들과 연결해서 정의하려고 해. 그런 정체성은 눈에 잘 보이고 남들도 쉽게 알아줄 것 같으니까. 그래서 자신을

CEO나 부자 또는 누군가의 배우자로만 생각하는 데 매달리게 되지.

하지만 안타깝게도 그런 식의 자기 정의는 아주 불안정하단다. 왜냐하면 그건 우리가 언젠가는 잃을 수도 있는 것들이기 때문이야. 직업은 바뀔 수 있고, 재산은 순식간에 사라질 수도 있으며, 관계 또한 영원하지 않을 수 있어.

은퇴한 CEO는 회사라는 이름표를 떼고 난 뒤에도 여전히 자신이 중요한 사람이라고 느낄 수 있을까? 재산을 잃은 부자는 가난해진 후 자신에 대해 어떻게 생각할까? 이혼을 겪은 사람은 더 이상 누군가의 남편이나 아내가 아니라고 해서 스스로를 쓸모없다고 생각할까?

이 모든 것들은 쉽지 않은 일이야.

왜냐하면 자신을 외적인 무언가로만 설명해왔던 사람일수록 그걸 잃는 순간 삶의 중심까지 함께 흔들리기 때문이지.

그래서 아빠는 너희가 되도록이면 자기 자신을 어떤 역할이나 조건으로 규정하지 않기를 바란단다.

나는 다행히 이런 교훈을 일찍 깨달았어. 그리고 지금까지 내 정체성을 이름 이외의 다른 것과 동일시하는 함정에 빠진 적이 없단다. 나는 그 무엇도 아닌 나 자체로 소중한 존재니까.

나를 군인이라고만 생각한 적은 없어. 그건 내가 예전에 했던 일일 뿐이니까. 한 가지 스포츠만 즐기는 사람이라고 여긴 적도 없어.

여러 스포츠를 해봤고 모두 좋아했지. 그리고 과거에 거쳐온 직업은 모두 내 손으로 직접 회사를 설립하기 위한 여정의 중간 단계에 불과하다는 사실도 알고 있단다.

너희 엄마가 최근에 이런 말을 하더구나.

"자신의 정체성을 자기 이름과 연결시킬 수 있는 무언가를 만들어야 해. 그것보다 더 큰 자유와 힘을 안겨주는 것은 없어."

우리 이 말을 명심하자.

자신의 정체성을 이름 외의 것들과 연결시키지 않도록 하렴. 그러면 외부적인 것들에 얽매여 진정한 자유를 잃게 되니까. 그 틀에 갇혀 벗어나기 힘들어지고, 결국 다른 사람들의 기대나 자신에 대한 기대를 저버리는 것이 두려워질 테니까.

너희 엄마 이야기를 해줄게. 엄마는 〈포춘〉지의 기자 겸 편집자로 일했었지. 그러다 그 일을 그만두고 자신만의 뉴스레터 사업에 도전할지 어쩔지 고민하던 때가 있었어. 그때 엄마에게 가장 어려웠던 부분이 뭐였는지 아니? 바로 '잡지 기자'라는 정체성을 내려놓는 것이었어. 회사의 후광이나 직함 없이 오직 자신의 이름과 평판에만 의지해야 하는 상황이 찾아왔으니까. 그때 아빠가 엄마에게 '자기 정체성을 이름과 연결시킬 때 가장 진정한 힘을 발휘할 수 있다'는 사실을 상기시켜주었지.

명심하렴. 너희의 이름은 가장 소중한 자산이고, 그에 따른 평판은 우리가 소중히 지켜야 할 가치야. 진정한 부자는 물질적으로 풍요로운 사람이 아니라 자신이 중심이 되어 행복하고 풍요로운 삶을 살아가는 사람이란다. 자신이 어떤 사람인지 아는 사람은 단단하고, 그 단단함은 세월이 흘러도 무너지지 않아.

아빠가

모든 것을 자신의 이름과
평판에 따라 구축하라.
그것이 앞으로 나아가기 위한
승리 전략이다.

Letter 15.
2년에 한 번씩
직장을 옮겨라

소피아와 레오에게

처음 들어간 직장에서는 일을 배우는 데만 집중해야 한단다.
 사람들은 가급적 빨리 많은 돈을 벌려고 애쓰는 실수를 저지르곤 하지. 물론 돈도 중요하지만 가장 중요한 건 아니야. 이 시기에는 앞으로의 경력을 위한 탄탄한 기반을 마련하는 게 가장 중요해.
 기술을 배우고, 경험을 쌓고, 자신과 관심사가 비슷한 사람들, 재능 있는 사람들과 네트워크를 형성하는 것 등이 여기 포함돼. 돈을 많이 주는 일자리를 고르고 싶은 유혹이 찾아올 수도 있겠지만 물리쳐야 해. 나는 그 선택이 매우 끔찍한 결과로 끝나는 걸 수없이 봤단다.

아빠는 20대 중반에 이 교훈을 얻었어. 아빠는 경영대학원 진학을 포기하고 페이스북에서 일하기로 했단다. 페이스북에 입사하면 세계에서 가장 재능 있는 팀에서 실질적인 기술을 익히며 급여까지 받을 수 있을 것 같았지. 반면 경영대학원에 가면 내 돈을 내고 이론에만 매몰된 교수들의 수업을 들어야 한다고 생각했거든.

페이스북에서 제품 관리자로 일했던 건 정말 행운이었지. 그때는 페이스북에서 일하기에 정말 좋은 시기였어. 회사가 막 상장되어서 매달 새로운 재무 기록을 세우고 있었거든. 그 회사에서 진행하는 일은 전부 다 효과가 있는 것 같았어. 최고의 직장 같았지.

하지만 페이스북에서 일한 지 2년이 넘어가자 점점 초조해지기 시작하더구나. 그곳에서 일하며 평판을 쌓은 덕에 거의 매주 새로운 일자리 제안이 들어왔거든. 그중 몇몇 회사는 페이스북에서 받던 것보다 더 많은 급여를 주겠다고 약속했어. 또 급여는 좀 적지만 더 많은 책임과 더 큰 팀을 관리할 권한을 주겠다고 제안하는 곳도 있었지.

어떻게 해야 할지 결심이 서지 않았어. 난 페이스북을 좋아했거든. 그곳에서 내 직장 생활이 성숙기에 접어들었다고 느꼈어. 또 그곳은 똑똑하고 야심 찬 사람들이 가장 많이 모여 있는 곳이기도 하고 말이야.

어떤 결정을 내려야 할지 고민하다가 결국 세상의 모든 자식이 늘 하는 일을 했지. 아버지, 그러니까 너희 할아버지에게 전화를 건 거야.

대화는 별로 길지 않았어. 할아버지에게 상황을 설명하고 조언을 구했단다. 할아버지가 그때 무슨 말씀을 하셨는지 지금은 거의 다 잊었지만 한 가지만큼은 여전히 뇌리에 새겨져 있어. "한곳에서 오래 일하지 말고 2년에 한 번씩 회사를 다섯 군데쯤 옮겨 다녀라."

그 말을 듣고 페이스북을 떠나야 한다는 걸 깨달았어.

듣고 싶었던 말은 아니지만 꼭 들어야 하는 말이었지. 할아버지 말씀이 옳았어. 그 회사에서 배울 가능성이 있는 것의 80퍼센트 정도는 이미 배운 상태였거든. 페이스북 창립자인 마크 주커버그Mark Zuckerberg나 당시 최고운영책임자였던 셰릴 샌드버그Sheryl Sandberg를 비롯해 많은 임원과 함께 일할 기회도 누렸고 말이야.

한 회사에 2년 이상 근무하면 앞으로 10년 안에 그 회사를 떠날 가능성이 낮다는 걸 알고 있었어. 한곳에 오래 머무는 건 안정적이고 익숙한 선택이 될 수 있지만, 배움을 최적화하는 방법은 결코 아니란다.

그래서 아빠는 고민 끝에 페이스북을 그만두기로 한 거야.

할아버지와 긴 통화를 하고 나서 몇 달 동안 여러 가지를 깊이 생각한 결과였지. 결국 아빠는 더 큰 책임을 맡고 더 많은 걸 배울 수 있는 새로운 IT 회사로 자리를 옮겼단다. 급여도 더 많았지만, 무엇보다도 페이스북에 있을 때는 불가능했던 방식으로 빠르게 성장할 수 있다는 게 가장 큰 이유였어.

경력을 쌓기 시작하는 초기에는 '배우는 속도'를 중요하게 여겨야 해. 다른 사람 밑에서 일할 때는 특히 그래. 어떤 일이든 능숙해지고 익숙해지면 안정적인 만큼 새로운 배움이 줄어들 수 있거든. 그래서 때로는 '이제는 그만둘 때인가'를 스스로에게 물어볼 줄 아는 것도 필요하단다.

물론 여기에는 단서가 있어. 아무 이유 없이 2년마다 한 번씩 회사를 옮겨 다니는 건 절대 금물이야. 그런 방식은 깊이 있는 배움을 방해하고, 너를 신뢰할 수 없는 사람으로 보이게 할 수도 있으니까.

그 안에서 충분히 배우고 성장했다고 느껴질 때 다음 기회를 향해 나아가는 것이야말로 진짜 의미 있는 도전이란다. 너희가 어떤 길을 선택하든 배움을 멈추지 않는 사람이 되기를 바란다.

아빠가

나는 학습과 발전을 반복하면서
삶을 최적화했다.

Letter 16.

95퍼센트를 움직이는 결정적 5퍼센트

소피아와 레오에게

비범한 삶은 놀라운 순간들로 이루어져 있단다.

이 말을 들은 사람 대부분은 날마다 놀라운 일이 일어나야 한다는 뜻으로 받아들일 테지만 그렇지 않아. 실은 그와 정반대지.

우리 삶에는 수많은 힘의 법칙이 존재해.

성취, 경험, 인간관계, 투자 같은 측면에서 생기는 놀라운 일은 대부분 우리가 하는 비교적 적은 양의 일에서 비롯되지.

'파레토 법칙'에 따르면 모든 결과의 약 80퍼센트는 노력에서 비롯된다고 해. 아빠는 여기서 한 걸음 더 나아가 전체 결과의 95퍼센트가 5퍼센트의 원인에서 비롯된다고 생각한단다.

　무슨 뜻인지 설명해줄게.

　사는 동안 수백, 수천 명과 좋은 관계를 맺을 가능성은 낮아. 평생 좋은 사람 다섯 명과 특별한 관계를 맺고 유지할 수 있다면 그것만으로도 축복이지. 아주 특별한 삶을 살 수 있어.

　아빠 인생에서 가장 좋은 예시를 찾을 수 있지. 바로 너희 엄마와의 관계란다. 그 한 사람이 내 인생의 모든 사람을 다 합친 것보다 더 큰 행복을 안겨주거든. 우리는 부부인 동시에 가장 친한 친구야. 우리는 함께 여행을 다니고 서로의 경력을 뒷받침하는 걸 좋아해. 그리고 너희 엄마는 너희들을 키우는 데 있어서도 최고의 짝꿍이지.

　이 법칙은 인간관계에만 적용되는 게 아니야. 살면서 날마다 놀라운 경험을 할 가능성은 낮지만 매년 2주간 휴가를 내고 세계 어딘가로 멋진 여행을 떠난다면 이야기가 달라지지. 연중 5퍼센트 미만의 날을 여행에 투자한 덕분에 특별한 한 해로 남게 될 테니까.

　예전에 친구 결혼식에 참석하려고 너희 엄마와 함께 아이슬란드로 여행을 간 적이 있었단다. 화산을 둘러보고, 블루 라군에서 수영을 하고, 헬리콥터를 타고 아름답게 펼쳐진 풍경 위를 날아다녔지. 그 여행은 정말 특별했어. 지금도 그때를 떠올리면 마음 깊숙한 곳에서 행복감이 솟아오른단다. 마치 따뜻한 온천물처럼 말이야.

투자도 여행과 비슷하단다. 여러 번의 선택이 누적되다가 결국 하나의 특별한 순간을 만들어내는 거지.

아빠는 내 재정 수익의 95퍼센트가 수년에 걸쳐 내린 결정 몇 개에서 나왔다는 사실을 깨달았어. 그중에서도 최고의 결정은 무엇이었을까?

많은 사람이 의심하면서 이해하지 못하던 시절, 남들보다 빨리 비트코인을 산 거란다. 그건 내 인생을 이루는 것들 중 하나의 선택이었지만 아빠의 삶을 완전히 바꿔놓았지. 그 결정 덕분에 경제적 자유를 얻었고, 항상 꿈꿔왔던 삶의 방식에 더 가까워질 수 있었어. 그리고 그런 경험을 통해 아빠는 중요한 진실 하나를 배웠단다.

인생은 힘의 법칙이 지배하는 세계라는 사실 말이야.

모든 게 균등하게 나눠지지는 않아. 많은 선택 중에서 소수의 선택이 대부분의 결과를 만들어내고, 많은 노력 중에서도 일부가 결정적인 전환점을 만들어내는 거란다. 이 원리를 이해하고 나면, 인생을 조금 다르게 바라보게 될 거야.

모든 결정에 똑같이 에너지를 쏟기보다 정말 중요한 순간에 집중하게 되지. 몇 번의 투자만으로도 상당히 큰 규모의 투자 포트폴리오를 구축할 수 있단다. 다른 일도 마찬가지야. 다섯 사람과의 굳건한 관계가 우리를 풍요롭게 할 거야. 매년 한 번 가는 근사한 여행으로도 충분히 행복할 거고.

그러면 특별한 삶을 추구하기가 훨씬 쉬워진단다.

힘의 법칙이 우리의 일상을 채우지는 못한다 해도 장기적으로 상당한 영향을 미칠 수 있어. 그리고 그렇게 놀라운 시간을 이어가다 보면 특별한 삶을 살게 될 거야.

그러니까 힘의 법칙을 따르도록 하렴.

아빠가

관계, 경험, 재정적 수익 등
인생에서 가장 중요한 건 힘의 법칙에서 나온다.
95퍼센트의 결과를 제공하는 5퍼센트에 집중하고
나머지는 무시하자.

Letter 17.
상사의 책상 위 쌓인 일을 덜어주자

소피아와 레오에게

아빠가 지금까지 함께 일해본 최고의 인재들에게는 공통점이 하나 있었어. 바로 상사의 일을 대신 처리한다는 거야.

직함은 중요하지 않아. 일하는 업계나 회사도 마찬가지고. 최고의 인재는 항상 자기 상사가 보다 효과적이고 효율적으로 일할 수 있도록 최선을 다해 돕더구나.

그럼 고용주의 관점에서 생각해볼까.

그들은 자기가 일을 처리하는 데 도움이 되는 사람들을 고용해.

고객에게 최상의 서비스를 제공하고 업무를 수행해야 하니까. 회사 입장에서는 일만 제대로 완료되면 실제로 그 일을 누가 했는지 크게 신경 쓰지 않지.

하지만 한 사람은 너희가 어떤 일을 하는지 늘 신경 쓰면서 지켜보고 있어. 바로 네 상사야.

상사들은 대부분 업무에 쫓기며 산단다. 그래서 네가 그들의 짐을 덜어준다면 그들은 너에게 더 많은 책임을 맡기게 될 거야. 너를 믿을 테고 너를 좋은 직원으로 여기게 되겠지.

더 많은 책임을 맡게 되면 자연스럽게 급여도 오르고 업무 능력도 빠르게 향상돼. 이것이 직장에서 성장하는 가장 확실한 지름길이란다.

사실 아빠는 다른 사람 밑에서 일해본 경험은 많지 않아. 하지만 우리 회사의 한 직원이 보여준 모습이 아직도 생생하게 기억나는구나. 그 친구는 매일 자신의 일을 마치고 나를 찾아와서 물었어. "제가 더 도울 일은 없을까요?" 처음에는 그를 잘 몰랐기 때문에 별다른 일을 주지 않았지.

그러다 며칠 후부터 그에게 작은 프로젝트를 맡기기 시작했어. 그는 그 일들을 훌륭하게 처리했지. 특히 인상 깊었던 건 일을 맡은 후에는 그 일을 어떻게 완수할지 고민한 후에 실행했다는 점이야. 그러곤 "이 일은 걱정하지 마세요. 제가 알아서 하겠습니다."라며

나의 부담을 덜어줬지.

　그 후에는 어떻게 됐을 것 같니? 자연스럽게 그에게 더 많은 업무와 책임을 맡기게 됐단다.

　대학을 갓 졸업하고 우리 회사에 들어온 그는 불과 몇 개월 만에 사업부 하나를 총괄하는 책임자가 되었어. 왜 그렇게 빨리 승진했느냐고? 더 많은 책임을 감당할 수 있고, 주어진 일을 빠르고 정확하게 처리할 수 있다는 것을 스스로 증명했기 때문이야.

　그런 경험을 한 뒤 나는 모든 직원에게 반드시 이런 조언을 한단다. 상사의 일을 대신 맡아서 처리할 방법을 알아내라고 말이야. 이것이 바로 승진과 연봉 인상, 그리고 성공적인 경력을 쌓는 비결이란다.

　상사는 언제나 시간이 부족하고 해야 할 일이 산더미처럼 쌓여 있어. 그러니 그들에게 진정한 도움이 될 수 있다는 걸 보여주렴. 너는 어느새 회사에 없어서는 안 될 중요한 인재로 여겨질 거야.

　그런데 잠깐만! 직장의 히어로가 되려고 달려가기 전에 중요한 사실을 하나 기억해야 해. 절대로 상사를 능가하는 존재가 되려고 해서는 안 된다는 점이야. 이건 로버트 그린 Robert Greene 이 쓴 《권력의 법칙》을 읽으면서 얻은 교훈이란다.

　상사를 돕는 동시에 그들이 멋진 모습을 유지할 수 있게 해줘야 하는 거지. 시간 외 작업은 상사를 존경하는 마음에서 하는 거지, 상사보다 너를 더 돋보이게 하려는 게 아니야.

   상사의 일을 대신 처리하되 상사가 주목받도록 해야 한다는 걸 명심하자. 그러면 상상 이상의 성공을 거둘 수 있을 거란다.

아빠가

사무실에 일찍 출근하고,
맡은 일보다 업무를 조금 더 처리하고,
상사가 돋보이도록 도와주고,
다른 이들보다 조금 더 일하라.
이는 경력을 발전시키는 손쉬운 방법이다.
가장 먼저 출근하고 가장 늦게 퇴근하자.
구식이긴 하지만 이는 결코 실패하는 법이 없다.

Letter 18.

나쁜 소식은 시간이 지나도 좋아지지 않는다

소피아와 레오에게

나쁜 소식은 시간이 지나도 좋아지지 않는단다.

사람들이 살면서 저지르는 가장 큰 실수 중 하나는 무언가 잘못됐을 때 빨리 알리지 않는 거야. 그 소식을 전하는 것이 두렵거나 듣는 사람의 반응이 걱정돼서 미루게 되지.

이유가 뭐든 나쁜 소식을 바로 알리지 않는 건 결코 현명한 선택이 아니야.

아빠도 직장 생활 초기에 뼈저린 경험을 통해 이 교훈을 배웠단다. 페이스북에서 일할 때였는데 내가 담당하던 시스템의 일부가 느닷없이 먹통이 됐지. 나뿐만 아니라 팀원들도 원인을 파악하지 못했어.

어떤 때는 시스템이 멀쩡하게 돌아가다가도, 또 어느 순간에는 이용자들이 아예 접속도 못 하는 상황이 벌어졌어. 기나긴 악몽 같았지.

당시 나는 그런 상황을 다뤄본 경험이 별로 없었지만, 내 입장에서 최선이라고 생각되는 일을 하기로 했어. 내 선에서 수습해보려 한 거야. 문제 해결을 위해 가장 먼저 취한 조치는 엔지니어와 머리를 맞대고 오류를 수정하는 것이었어.

구글에서 웹사이트를 차단한 걸까? 소프트웨어 코드 중에 렌더링에 실패한 부분이 있는 걸까? 사용자가 다른 사이트로 리디렉션되었을까? 아니면 분석 시스템이 뭔가를 잘못 측정한 걸까?

아무리 많은 질문을 던져도 답을 알아낼 수가 없었단다.

결국엔 상사에게 도움을 요청할 수밖에 없었지. 내 설명을 듣자마자 그는 몹시 화를 냈어. '격노했다'는 표현으로는 부족할 정도로 엄청나게 화를 냈지. 그런데 그가 화낸 진짜 이유는 시스템의 고장 때문이 아니었단다. 문제가 생긴 걸 알고도 몇 시간이나 그에게 알리지 않은 행동 때문이었어.

내가 문제를 알리자 상사는 그날 소프트웨어 업데이트를 진행한

다른 팀에 곧장 전화를 걸더구나. 알고 보니 다른 팀에서 작성한 소프트웨어가 우리 제품과 제대로 호환되지 않아 오류가 생겼던 거야. 우리가 겪고 있는 문제를 그 팀에 알리자 몇 분 안에 문제가 해결됐어.

마침내 위기가 끝나고 한숨 돌리게 되었지.

그때부터 진짜 배움이 시작되었단다. 상사는 나를 따로 불러 이렇게 말하더구나.

"나쁜 소식은 시간이 지난다고 괜찮아지는 게 아닙니다."

그가 말한 요지는 이거였어. 혼자 힘으로 문제를 해결할 수 있었다 하더라도, 더 빨리 문제를 공유했어야 한다는 거야. 서비스가 가동되지 않는 동안 소중한 시간이 허비되어 고객이 불편을 겪었고 회사에 손해가 발생했으니까.

결국 상사와 다른 동료들에게 상황을 공유하자 문제가 훨씬 빨리 해결됐지. 상사는 이 점을 지적하며 자기 말이 옳았음을 강조했어. 조직 내의 사람들끼리는 무슨 일이 일어나고 있는지 알아야 한다고 말이야.

그는 이렇게 덧붙였지. "문제가 있다는 사실을 모르면 사람들이 당신을 도울 수 없어요."

나는 그 교훈을 결코 잊지 않을 거야. 그건 우리 삶과 일, 인간관계에도 적용할 수 있는 교훈이란다. 문제가 발생하면 관련된 주요

인물들에게 즉시 알려야 해. 문제를 인지하는 사람이 많을수록 문제 해결에 더 많은 도움을 받을 수 있으니까.

  나쁜 소식은 시간이 지나도 좋아지지 않아. 이런 상황에서 네가 할 일은 문제가 발생했다는 걸 알리는 거야. 그러면 다른 사람들이 놀라울 정도로 신속하게 도움의 손길을 내밀어줄 거란다.

아빠가

업계나 직종에 상관없이
매우 중요한 인생의 기술은
그 어떤 경우에도 적극적으로 소통하는 것이다.
나쁜 일에서는 특히 더 그렇다.

Letter 19.
성공을 부르는
최고의 시간 관리법

소피아와 레오에게

우리 모두 열심히 일하며 살고 있어. 하지만 자기가 무슨 일을 하는지 골똘히 생각하는 것만으로는 충분하지 않아. 일하는 방식도 염두에 두어야 하지.

하지만 이걸 몰라서 일을 그르치는 사람들이 참 많단다. 그들은 주변 사람이 자기 일정을 좌우하도록 내버려두곤 해. 무슨 일을 하고, 어떤 회의에 들어가고, 언제 어디에 있어야 하는지를 다른 사람들이 정해버리는 거야.

이건 실패로 가는 지름길이란다.

아빠는 세계에서 가장 뛰어난 기술 투자자 중 한 명인 폴 그레이엄Paul Graham에게서 최고의 시간 관리법을 배웠어. 그레이엄은 관리자의 일정과 제작자의 일정이라는 개념을 제시했는데, 그의 블로그에 이런 글이 있단다.

> 관리자의 일정은 기본적으로 상사를 위한 것이다. 이는 일반적으로 사용하는 수첩에 기록되어 있으며 매일 한 시간 단위로 나뉜다. 필요한 경우 한 가지 작업에 몇 시간씩 투자할 수도 있지만, 기본적으로는 매 시간 수행하는 업무가 바뀐다.
>
> 높은 지위에 있는 사람들은 대부분 이런 관리자의 일정에 따라 움직인다. 이것은 일종의 '지시 일정'이다.
>
> 하지만 프로그래머나 작가처럼 뭔가를 창작하는 사람들은 이와는 다른 방법으로 시간을 활용한다. 그들 대부분은 반나절 단위로 시간을 활용하는 걸 선호한다. 한 시간 단위로 글을 쓰거나 프로그래밍을 해야 한다면 제대로 몰입할 수 없다. 한 시간은 작업을 시작하기에도 부족한 시간이기 때문이다.
>
> 이처럼 '제작자의 일정'에 따라 일을 할 때는 회의가 상당한 악영향을 미친다. 회의가 중간에 끼어 있으면 오후 시간이 둘로 쪼개져서 힘든 일을 집중해서 하기 어려워지기 때문이다. 결국 오후 시간을 전부 허

비하게 될 수도 있다.

이 방법을 실행할 때 가장 중요한 건 자기가 달성하려는 일이 무엇인지 제대로 이해하는 거야. 잘 생각해보렴. 하루를 작은 단위로 쪼개야 일을 더 잘 마무리할 수 있을까? 아니면 좀 더 긴 시간이 필요할까?

자기가 하는 일의 성격에 맞춰 시간을 배분해야 해.

아빠는 이 방식으로 큰 성과를 내고 있어. 매일 아침 시간은 오직 글쓰기에만 할애한단다. 그 시간엔 회의도 없고 전화도 받지 않아. 당연히 개인적인 약속도 잡지 않지. 아침은 오로지 글을 쓰는 시간이니까.

서두르면 작업에 지장이 생기기 때문에 그 시간은 무조건 비워두지. 정해진 시간이 아닌 다른 시간대에 글을 쓰면 최상의 결과물을 얻을 수 없단다. 정해놓은 시간을 지키지 않으면 목표를 달성할 수 없다는 이야기야. 하지만 그러다가 흥미로운 일이 생긴단다.

매일 오전 10시가 되면 제작자로서의 일정을 끝내고 관리자 모드로 전환하거든. 관리자 일정은 오후 5시까지야. 30분 단위로 회의가 연달아 있는데, 내부 회의도 있고 외부 사람들과의 회의도 있어. 아는 사람도 만나지만 처음 만나는 사람들도 많아. 우리는 새로운 아이디어, 새로운 회사, 새로운 투자에 대해 논의한단다. 오전 10시 이

후에는 무엇이든 가능하니까.

내가 이렇게 할 수 있는 건 아침 시간을 어떻게 활용할지 확실하게 정해놓았기 때문이란다. 제작자의 일정을 활용해서 최고의 작업물을 만들어내고 있어. 그런 다음 관리자 일정을 활용해 사업을 운영하고 새로운 기회를 모색하고 다른 사람들이 최선의 성과를 올리도록 하는 거지.

자, 이제 이해했을 거야. 제작자의 작업은 장시간 방해받지 않고 집중해야 하는 반면, 관리자의 작업은 짧은 시간 안에 처리할 수 있다는 걸 말야.

지금 하는 작업과 일정 안배가 일치하는지 늘 확인해야 해. 그게 일을 처리하는 가장 좋은 방법이란다.

아빠가

시간 관리는 우선순위 관리의
또 다른 이름일 뿐이다.

Letter 20.
이불만 잘 개어도 인생이 펴진다

소피아와 레오에게

　방이 지저분하면 명확한 생각을 하기 힘들고, 사무실이 지저분하면 세부 사항에 집중할 수가 없단다. 이렇듯 생활 공간을 제대로 관리하지 못하면 우선순위를 지키기 어렵지.
　그러니 자신의 공간을 깨끗하게 잘 정돈해두렴.
　나는 열일곱 살이 되어서야 이 교훈을 깨우쳤어. 어릴 때는 항상 방이 지저분했지. 부모님은, 내가 방을 치우게 하려고 이런저런 노력을 하셨지만 하루나 이틀 뒤면 다시 지저분해지고 말았단다.

솔직히 말해서 별로 신경 쓰지 않았어. 더러운 옷을 세탁 바구니에 넣어두는 게 왜 중요한지 몰랐고, 매일 아침 침대를 정리하거나 바닥을 청소할 필요성도 느끼지 못했지. 침실은 내 개인 공간이니까 방이 깨끗하든 더럽든 무슨 상관인가 싶었어. 청소를 하든 안 하든 내 삶은 똑같을 거라고 생각했던 거야.

하지만 육군에 입대해 기초 훈련을 받으면서 모든 게 바뀌었지.

훈련을 받는 몇 달간은 선택의 여지가 없었단다. 육군 규정상 방이 깨끗해야 할 뿐만 아니라 흠집 하나 없어야 했거든. 매일 아침 침대를 완벽하게 정리해야 했고, 옷장에 옷을 걸 때는 옷걸이 사이에 일정한 간격을 두어야 했어. 그리고 바닥은 그 위에 음식을 놓고 먹어도 될 정도로 깨끗해야 했지.

마침내 내게 무슨 일이 벌어지고 있는지 분명하게 깨달았어. 난 규율을 익히고 있었던 거야.

하지만 그건 단순한 규율이 아니었어. 규율을 통해 내 소유물과 내가 사는 공간에 자부심을 갖는 법을 배웠지. 이런 것들에 자부심을 품게 되자 내 삶이 정돈되었고 성공적으로 변했어.

우리는 주변 환경에서 자양분을 얻는단다. 그래서 자기 목표에 어울리는 공간을 꾸미는 게 정말 중요해. 일을 더 잘하고 싶다면 작업 공간이 깨끗하고 체계적으로 정리되어 있는지 확인해보렴. 프린스턴 대학교 신경과학 연구소의 연구에 따르면, 주변이 어수선하게 어질러져 있을 경우 뇌의 처리 능력이 제한된다고 해.

똑같은 연구를 진행한 스탠퍼드 대학의 연구진도 "집과 사무실이 깔끔하게 정리되어 있으면 짜증이 줄고 생산성이 높아지며 주의가 덜 산만할뿐더러 정보 처리 능력이 향상된다."라는 결론을 내렸어.

이 아이디어는 직장에만 국한된 게 아니야. 우리 삶의 모든 측면에서 활용할 수 있단다.

몸에 좋은 음식을 먹고 싶니? 주방에 해가 잘 들고 진짜 식물이 놓여 있고 신선한 과일과 채소가 준비되어 있는지 확인해보렴. 그것만으로도 건강해지는 기분이 들 테니까.

이처럼 환경을 디자인하면 삶을 디자인할 수 있단다.

변화를 만들어내기에는 너무 사소한 일 같다고? 절대 그렇지 않아. 꽤 효과가 있을 거야. 우리는 어쩔 수 없이 주변 환경에 영향을 받게 마련이니까.

아빠가

환경을 바꾸면 인생이 달라진다.

Letter 21.
원칙을 지켜야 할 때, 원칙을 깨야 할 때

소피아와 레오에게

   경영진이 규칙을 만든다는 것은 곧 경영진이 규칙을 바꿀 수도 있음을 의미해.

   이 교훈은 아빠의 친한 친구이자 사업 파트너인 제이슨 윌리엄스가 가르쳐준 거란다. 그가 처음으로 이 말을 했을 때 마치 우주의 비밀 하나를 알게 된 것 같은 기분이 들었지.

   사업을 하다 보면 이런저런 규칙 때문에 그 일은 불가능하다고 말하는 이들을 끊임없이 만나게 돼. 어떤 사람은 "우리는 항상 그렇게 해왔어요."라고 주장하고, 어떤 사람은 자기가 왜 그 일을 하는지도 모르는 채로 일을 하고 있지.

이건 모두 함정이야.

담당자들은 우리가 생각하는 것보다 훨씬 쉽게 규칙을 바꿀 수 있단다. 그들에겐 그런 힘이 있어. 그러니 뭔가 이상하거나 말이 안 되는 상황이 생기면 그냥 넘기지 말고 담당자를 찾아가렴. 그리고 그 규칙이 왜 바뀌어야 하는지, 어떤 면에서 말이 안 되는지 차분히 설명하는 거야.

물론 규칙을 정하고 지키는 건 중요하지만 때론 유연해지는 것도 필요하단다. 언젠가 너희가 책임자가 된다면 이 말을 명심하렴. 목표를 이루기 위해 변화가 필요하다면 빠르게 판단하고 결정할 수 있어야 한다는 걸. 그게 진짜 책임자의 자세란다.

내가 초기에 운영하던 회사 중 한 곳에는 '업무 시간 중에는 비행기를 탈 수 없다'는 규칙이 있었어. 회사의 생산성을 떨어뜨리지 않기 위해 만든 규칙이야. 업무 시간에는 일에만 집중하고 출장을 위한 비행기는 이른 아침이나 늦은 저녁 시간에 타라는 지침이었단다.

좋든 나쁘든 간에 나는 이 규칙을 엄격하게 시행했어.

그런데 어느 날 한 직원이, 부모님이 중태에 빠져 병원에 실려갔다는 전화를 받은 거야. 갑작스러운 소식에 충격을 받은 그는 당장 부모님을 만나러 가고 싶어 했지만, 우리 회사의 여행 규정에 어긋

나는 일이라 어떻게 해야 할지 몰라 당황했지.

다행히 그 직원의 상사가 그 모습을 보고 무슨 일이 있었는지 알아본 뒤 나에게 상황을 알려주었어.

나는 주저하지 않고 말했어. "지금 당장 고향으로 가는 비행기를 타세요. 항공권 비용도 회사에서 부담할 겁니다."

그 순간 나를 바라보던 그 직원의 표정이 지금도 잊히지 않아. 내가 엄격하게 지키던 규칙을 단번에 깬 것을 보고 정말 놀란 눈치였거든.

물론 나중에 그 이유를 따로 설명해주었단다. 때로는 규칙보다 더 중요한 것이 있다는 걸 그 친구도 알게 되었을 거야.

평소에는 규칙을 지키는 게 좋지만 때론 그걸 어겨야만 하는 순간이 생기기도 한단다.

'업무 시간 중에 비행기 탑승 금지' 규칙은 95퍼센트의 경우 타당해. 하지만 그날의 상황은 그 규칙을 고수한다는 게 말도 안 되는 5퍼센트에 해당하는 경우였지.

그런 경험을 한 뒤로는 큰 교훈을 얻었고, 그것을 사업과 개인 생활에 두루 적용했단다. 아빠는 뭔가 말이 안 되는 상황이 벌어지면 누가 그 상황을 책임지고 있는지 파악한 다음, 그들에게 대안을 제시하려고 노력해.

물론 항상 그럴 수 있는 건 아니지만 경영진이 다양한 규칙을 즉

석에서 변경하는 모습을 여러 번 보았어. 이게 바로 리더의 운영 방식이야. 특정한 계획을 따르다가도 상황을 바꿀 만한 새로운 정보가 들어오면 기존 방식을 바꿔야 해.

너희도 이런 리더가 되려고 노력하길 바란다. 경영진은 규칙을 만들고 또 그 규칙을 바꿀 수도 있다는 걸 잊지 말아라. 원칙은 중요하지만, 상황에 따라 원칙을 깨는 유연함도 필요하단다.

아빠가

우리 인생의 '규칙'은
대부분 다음 중 하나에 해당된다.
하나는 정해진 것,
다른 하나는 요청하기만 하면 바꿀 수 있는 것.

Letter 22.

누구도 나를
함부로 대하게 두지 마라

소피아와 레오에게

너희가 아무 대응도 하지 않는다면 사업을 하는 과정에서 사람들이 너희를 이용할지도 모른단다.

사실 나에게도 이런 일이 자주 생겼지. 문제는 내가 다른 사람들에게 너무 친절했다는 거야. 솔직히 말하면 다르게 대하는 방법을 잘 몰랐어. 그래서 누구를 만나든 항상 친절하게 대하려고 애썼지.

그건 할머니, 할아버지가 나를 그렇게 키우셨기 때문이야. 그리고 너희 엄마와 나도 너희를 그렇게 키울 수 있기를 바란단다.

하지만 사업을 하다 보면 어려운 점이 있어. 특히 사람들 때문에 힘든 상황에 처하곤 하지. 우리가 접촉하는 사람 중 일부는 우리의 친절함을 약점으로 보고 그걸 이용하려 들기도 하거든. 그들은 유혹을 참지 못하고 그 상황을 자기에게 유리하게 만들려 할 거야.

무언가 얻을 게 있을 때만 다가오는 사람들이 있으니 그런 사람들을 조심해야 해. 남을 친절하게 대하는 건 좋지만 그들이 너희를 이용하게 놔둬서는 안 된단다.

나는 힘든 대화를 앞두고 항상 하는 일이 하나 있어. 나만의 작은 의식 같은 거야. 평소와는 조금 다른 태도, 다른 방식으로 말을 해야 할 땐 몇 분 전부터 혼자 되뇐단다.

"이건 그냥 사업일 뿐이야."

이 말을 되새기면 생각이 달라져.

갑자기 냉정하고 무자비한 사람이 되라는 뜻이 아니야. 전혀 다른 사람이 되라는 말도 아니고. 다만 때로는 단호해질 필요가 있다는 뜻이지.

이 말을 반복하고 스스로에게 각인시키면서 다른 사람들이 나를 짓밟거나 내 친절함을 이용하는 일을 막을 수 있었어. 그리고 신기하게도 이 말을 되새기기 시작한 뒤로 나를 대하는 사람들의 태도도 달라졌어. 전보다 더 많이, 그리고 더 깊이 나를 존중하게 되었지.

아빠는 기본적으로 느긋하고 친절한 사람이란다. 남들도 그걸 알고 있어. 그래서 어떤 사람이 정해진 기준을 지키지 못할 때 그에게 책임을 묻는 게 쉽지 않더구나. 그럴 때마다 혼잣말처럼 되뇌었지.

"이건 그냥 사업일 뿐이야."

아빠가 예전에 함께 일했던 직원 중에 지각을 밥 먹듯이 하고 맡은 일도 제대로 해내지 못하던 친구가 있었어. 한동안은 그가 스스로 깨닫고 변화하기를 기다리며 지켜보았단다. 하지만 변화가 없더구나. 그래서 어느 날 조용히 그 친구를 불러 앉혔지.

"일이라는 건 따로따로 떨어져 있는 게 아니야. 어떤 한 부분에서 기준을 놓치면 다른 일에도 그 여파가 미치게 마련이니까."

에둘러 표현하지 않고 솔직하게 말했어. 그 친구도 처음엔 좀 당황했을 거야. 하지만 그 대화를 계기로 마음을 다잡더니 조금씩 제자리를 찾아가기 시작하더구나.

문제점이 악화되도록 내버려두는 건 좋지 않아. 그건 조직 내의 다른 사람들 모두를 무시하는 행동이거든. 게다가 문제 행동은 전염성이 강하단다.

여기서 얻은 중요한 교훈은 뭘까? 사람들은 자신을 존중해주는 사람을 존중한다는 거야. 그게 인간의 본성이지.

건강 상태가 좋고 단정하고 옷도 멋지게 차려입은 사람을 보면 그 모습을 바탕으로 그에 대한 의견을 형성하게 돼. 그들이 스스로를 잘 돌보고 남들 앞에서 말쑥한 모습을 보이려고 신경을 썼다는 이유 때문에 그들을 더 높이 평가하게 되지.

이건 지적인 사람들에게도 똑같이 적용되는 사항이야.

자기 가치를 알고, 친절함과 단호함 사이에서 균형을 잘 잡는 사람은 매력적으로 느껴지게 마련이란다.

너희도 이 기술을 꼭 익혔으면 좋겠구나.

"이건 그냥 사업일 뿐이야."

이 말이 너희에게도 도움이 될지 몰라. 아니면 너희만의 다른 표현을 찾아도 좋고. 어떤 문장이든 상관없어. 중요한 건 인생에서든 사업에서든 누구도 너희를 함부로 대하지 못하게 하는 거야.

친절하면서도 단호한 태도를 잃지 말도록 하렴. 그러면 하이에나 같은 사람들이 결코 너희에게 함부로 할 수 없을 테니까.

아빠가

사업을 하면서 생기는 대부분의 문제는
결국 사람 때문이다.

Letter 23.

내가 하기 싫은 일은
남도 하기 싫다

소피아와 레오에게

   살다 보면 하기 싫은 일을 해야 할 때가 있지. 하지만 내가 하기 싫은 일을 남에게 부탁해서는 안 돼. 이 조언이 마음에 안 들 수도 있겠지만 이건 중요한 일이야.

   리더십에서 가장 중요한 건 결국 네가 이끄는 사람들과 얼마나 좋은 관계를 맺느냐에 달려 있단다. 사람들이 너를 믿고 존중해야 하지. 계속 이래라저래라 명령만 내리면서 우두머리 행세를 한다면 팀원들과 진정한 관계를 맺기 어려울 거야.

이런 식으로 행동하는 리더는 그저 자신의 역할을 한다고 생각할 지도 모르지만 실은 자신을 해치고 있는 거야. 누구도 싫은 소리만 하는 사람을 따르고 싶어 하지는 않으니까.

2020년에 아빠가 운영하는 팟캐스트 제작 과정에서 생긴 일을 들려줄게. 팟캐스트 작업은 보통 세 단계로 이뤄져. 첫째, 게스트와 인터뷰를 녹음해. 둘째, 편집자가 영상을 다듬어 최종본을 만들지. 셋째, 이 에피소드를 여러 플랫폼에 올리는 거야.

편집팀은 실력이 아주 뛰어났어. 항상 열심히 일하면서 놀라운 작품을 만들어냈지.

그런데 어느 날 팀장이 오더니 우리가 인터뷰를 너무 자주 하는 바람에 팀원들이 모두 지쳐 있다고 하더구나. 에피소드를 게시하기로 한 시간까지 편집자들이 내용을 일일이 편집할 시간이 부족하다는 거야.

그 말을 듣고 아빠가 어떻게 했을 것 같니? 나는 화를 내지 않았어. 대신 편집팀이 예상하지 못한 일을 했지. 팀원들에게 일주일 동안 휴가를 쓰라고 한 거야.

휴가를 쓰라고 했을 뿐만 아니라 일주일 동안은 어떤 에피소드도 편집하지 못하게 했어. 대신 내가 매일 퇴근 후에 컴퓨터 앞에 앉아서 직접 에피소드를 편집했어.

처음엔 정말 힘들었지. 편집 일을 한동안 안 했더니 감을 잃었거든. 필요한 정보를 찾고 편집 프로그램 다루는 법을 다시 익히는 데 꽤 시간이 걸렸지. 그래도 몇 차례 도전한 끝에 에피소드 편집을 마치고 방송 일정을 지킬 수 있었단다.

그날 오후에 게스트와의 인터뷰를 녹음하고, 회사 업무까지 다 마친 후에야 편집을 시작했다는 걸 알아두렴. 아빠는 다음 날도, 또 그다음 날도 이런 일정을 그대로 반복했단다.

그렇게 일주일 동안 매일 두 가지 일을 했어.

왜냐고?

편집팀 직원들이 자기 상사가 본업 외에 자기들의 일까지 직접 하는 모습을 본다면 불평을 늘어놓기 어려울 거라 생각했거든. 그래서 그렇게 한 거야.

휴가를 마치고 돌아온 편집팀은 내가 두 가지 일을 다 해낸 것을 보고 놀랐지. 그들은 그게 가능하다는 걸 믿기 어려워했어.

아빠는 그들에게 이렇게 말했단다. "내가 하고 싶지 않은 일을 시키는 경우는 절대 없을 겁니다."

그날부터 편집자들은 내가 같이 일했던 직원들 가운데 가장 열심히 일하고 가장 충성도가 높은 직원이 되었어. 그들은 내가 팀의 성공을 위해 얼마나 많은 노력을 기울이는지 보았거든. 또 그들이 하는 업무의 어려움과 복잡성을 내가 이해한다는 것도 알았지.

그뿐만이 아니야. 나를 신뢰할 수 있다는 걸 깨달았어. 내가 하기 싫은 일, 내키지 않는 일은 남들에게도 결코 시키지 않을 테니까.

  이건 내가 얻은 가장 소중한 리더십 교훈 중 하나였단다. 사람들은 팀의 일원이 되어 소속감을 느끼고 싶어 해. 특히 리더가 챙겨주는 팀에서는 더욱 그렇단다. 이런 신뢰를 쌓는 가장 쉬운 방법은 '네가 실력 있는 사람이며 기꺼이 일할 의지가 있다'는 걸 행동으로 보여주는 거야.

  자기가 하고 싶지 않은 일은 결코 남에게도 요구하면 안 돼.

아빠가

자기가 하고 싶지 않은 일을
다른 사람에게 시켜서는 안 된다.

Letter 24.

기회를 끌어들이는 자석이 되자

소피아와 레오에게

우리는 자기가 원하는 걸 쫓아다니는 실수를 저지르곤 해.

그건 새 차나 새 직장, 새 연인일 수도 있어. 채용 담당자를 잘 설득하면 그 회사에 들어갈 수 있을 거라고 스스로를 속이기도 하지. 그뿐만이 아니야. 호감을 느끼는 사람과 문자 메시지를 주고받던 중에 그 사람이 계속 좋은 말만 해주면 나를 사랑해서 그런 거라고 멋대로 믿어버리기도 한단다.

하지만 그건 전부 진실이 아니야.

너희는 자석이 되어야 해. 원하는 것을 쫓아다니지 말고 원하는 사람과 물건이 너희에게 다가오도록 하는 거야. 말도 안 되는 이야기처럼 들린다고? 절대 그렇지 않아. 아빠가 실제로 어떻게 실천했는지 설명해줄게.

나는 20대 중반부터 일에서 성공을 거두기 시작했어. 문제는 내 성공이 대기업 내부에서 이루어졌기 때문에 내가 누구고 어떤 일을 해냈는지를 아는 외부 사람이 거의 없었다는 거야.

다른 사람 회사에 투자를 시작했을 때, 최고의 기업가와 만날 약속을 잡거나 내 투자를 받아들이도록 설득하는 게 어렵다는 걸 알게 됐어. 이 게임은 최고 단계에 가까워질수록 경쟁이 매우 치열해지거든. 난 그 상황이 너무 답답해서 전략을 바꾸기로 마음먹었단다.

매일 몇 시간씩 투자해 잠재적인 투자 기업이나 투자자들에게 이메일을 보내는 대신 인터넷을 통해 콘텐츠를 만들기 시작했어. 처음에는 트위터(지금의 X)에서 시작했지. 그러다 점점 이메일, 팟캐스트, 유튜브 등 다른 채널로 퍼져나갔어.

내 아이디어, 그동안 얻은 교훈, 통화나 회의 중에 적어둔 메모 같은 것들을 꾸준히 공유했단다. 인터넷을 통해 내 본연의 모습을 세상에 드러내기 시작한 거야.

그랬더니 정말 흥미로운 일이 벌어졌지 뭐니. 내가 콘텐츠를 만들면 만들수록 나를 찾아오는 사람들이 늘어나더구나. 그리고 몇 년 안에 다양한 플랫폼에서 수백만 명이 내 이야기를 듣고 나를 따르게 되었지.

하지만 내 목표는 단순히 팔로워 수를 늘리는 게 아니었어. 아빠는 최고의 기업가들과 만나 이야기를 나누고 그들의 회사에 투자하고 싶었단다. 그래서 계속해서 흥미로운 기업 이야기, 성장하는 산업 트렌드, 다양한 뉴스 기사에 대한 내 개인적인 생각을 공개적으로 나누었지.

처음에는 별다른 반응이 없었지만, 시간이 지나면서 점점 더 많은 기업가가 내 이야기에 주목하기 시작했단다.

그들 중 일부는 내 의견에 동의했고 또 일부는 그렇지 않았지. 하지만 중요한 건 점점 더 많은 사람이 '나'라는 사람을 알게 되었고, 결국 나와 대화를 나누고 싶어 했다는 거야.

게다가 내가 온라인에서 많은 사람에게 여러 회사를 소개할 수 있게 되자 창업자들도 내가 그들의 회사에 투자하는 데 관심을 보이기 시작했단다.

아빠는 단순히 그들의 사업에 투자하는 데서 나아가 그 기업의 정보를 세상에 널리 알릴 수 있는 위치에 서게 되었어.

지금 생각해보면 그때의 선택 덕에 상황이 뒤집혔음을 알 수 있지. 원하는 것을 쫓아다니면서 시간을 허비하기보다 그 기업가들이 직접 날 찾아오게 하는 방법을 알아냈던 거야. 그렇게 아빠는 그들을 끌어들이는 자석이 되었단다.

너희도 이렇게 했으면 좋겠구나. 본인이 원하는 게 뭔지 파악한 다음 원하는 사람이나 사물이 너희에게 이끌릴 수 있는 상황을 만드는 거야.

특정한 직업을 원한다면 그 분야에서 흥미로운 뭔가를 만들어보렴. 연애 상대를 원한다면 적절한 사람을 매료시킬 수 있는 흥미로운 사람이 되어야 하지. 성공적으로 사업을 확장하고 싶다면 까다로운 문제를 해결할 좋은 방법을 찾아서 고객들이 제 발로 찾아오게 해야 해.

너희가 남들을 쫓아다니는 게 아니라 남들이 너희를 쫓아오는 상황이 되는 편이 훨씬 좋잖아.

사람들을 끌어들이는 자석이 될 때 어떤 일이 가능한지 알게 된다면 아마 깜짝 놀랄 거야. 생각보다 훨씬 더 많은 기회와 사람, 그리고 가능성이 너희 곁으로 다가오게 될 테니까.

아빠가

동료들과 차별화되는 간단한 방법 세 가지
1. 하겠다고 약속한 일은 꼭 한다.
2. 빠르고 간결하게 응답한다.
3. 주변 사람들을 성공의 길로 이끈다.

Letter 25.

모든 멋진 일은
작은 질문에서 시작된다

소피아와 레오에게

"지금 제가 도와드릴 일이 있을까요?"

아빠는 이 간단한 질문 하나로 경력을 발전시킬 확실한 기회를 얻었던 적이 있단다.

지금까지 살면서 다양한 업계와 지역, 연령대의 사람들을 만날 기회가 있었어. 아빠는 항상 나보다 경험이 부족한 사람들에게 혹시 도와줄 일이 있는지 물어봐야 한다고 생각했지. 실제로 늘상 그렇게 해왔고.

그러면 의외로 많은 답변이 쏟아져 들어온단다. 대학생을 멘토링해 달라거나, 아는 사람을 소개해 달라거나, 자기 회사에 투자해 달라거나, 앞으로 할 질문에 답해 달라는 등 다양한 요청이 이어지지.

사실 이건 그렇게 어려운 일이 아니야. 내 재량껏 그들을 도울 수 있고, 또 그 과정에서 나 역시 도움을 받기도 한단다. 사람들에게 이런 질문을 던지다 보면, 그 질문 하나가 너희 인생을 바꿔놓을 수도 있다는 걸 알게 될 거야.

아빠는 혹시 도움이 필요하냐고 묻는 젊은이를 보면 늘 깊은 감명을 받는단다. 물론 실제로는, 그들이 아빠를 도와줄 수 있는 일보다 아빠가 그들에게 해줄 수 있는 일이 훨씬 많다는 걸 잘 알고 있어. 그들도 나도.

하지만 그건 중요하지 않단다. 중요한 건 그들이 먼저 손을 내밀었다는 거야. 그 제안을 받아들이는 일은 거의 없지만 돕고 싶다는 마음을 행동으로 보여줬다는 것 자체가 감동이지.

그 용기와 진심이 결국 모든 걸 바꿀 수 있을 테니까.

비슷한 맥락에서, 아빠도 항상 나보다 더 성공한 사람들에게 "혹시 도와드릴 일이 있을까요?"라고 물어보는 걸 중요하게 여겼단다.

내가 할 수 있는 일이 많지 않을 수도 있어. 하지만 어쩌면 그들의 프로젝트에 대한 피드백을 줄 수도 있고, 거래에 필요한 투자를 연결해줄 만한 사람을 소개할 수도 있겠지.

작은 도움이라 해도 그렇게 손을 내미는 것 자체가 관계를 맺는 시작이 된다는 걸 기억하렴.

그리고 때로는 그 작은 용기가 아주 큰 기회를 가져다주기도 해.

아빠가 로버트 기요사키Robert Kiyosaki를 처음 만났을 때의 이야기가 그 좋은 예지. 그는 역대급 베스트셀러인 《부자 아빠 가난한 아빠》를 쓴 사람이야. 난 스무 살 때 그 책을 읽었고, 기요사키가 젊은 시절의 내 발전에 엄청난 영향을 끼쳤다고 생각해.

그런 그를 처음 인터뷰할 기회가 생겼고 그 덕분에 개인적으로 대화를 나눌 수 있었지. 우리는 개인 금융부터 금과 비트코인, 중앙은행의 정책에 이르기까지 다양한 주제를 놓고 한 시간 가까이 깊은 대화를 나눴단다.

우리 대화는 정말 흥미로웠고, 기요사키도 그 시간을 즐기고 있다는 게 느껴졌어.

대화가 끝나고 인터뷰 녹음까지 마친 뒤 아빠는 조심스럽게 그에게 물었단다.

"혹시 제가 도와드릴 일이 있을까요?"

그러자 기요사키는 이렇게 대답했어.

"그럼 의견을 하나 듣고 싶습니다. 소셜 미디어를 잘 활용해서 젊은이들에게 더 효과적으로 다가가고 싶어요. 좋은 방법이 있을까요?"

솔직히 말해서 그가 진짜로 뭔가를 요청할 거라고는 예상하지 못했단다. 그냥 정중하게 웃으며 "고맙지만 괜찮습니다."라고 답할 거라 생각했지. 그런데 뜻밖에도 큰 기회가 찾아온 거야. 내가 가장 좋아했던 책의 저자가 바로 내게 도움을 청한 거지!

난 즉시 행동에 나섰어. 전화로 몇 가지 초기 아이디어를 공유한 다음, 이후 며칠 동안 시간을 들여서 각종 아이디어가 빼곡하게 채워진 문서를 작성해 기요사키와 그의 팀에게 보냈지.

몇 주 뒤 기요사키가 아빠에게 연락을 해왔단다. 자신과 팀원들, 고문, 그리고 비즈니스 전략가들과 함께 전화 통화를 하자고 요청해온 거야. 그들은 자신들이 진행 중인 사업과 앞으로의 목표를 설명해주었고, 아빠는 그들이 소셜 미디어를 더 효과적으로 활용할 수 있는 방법을 여러 가지로 조언해주었지.

정말 멋진 경험이었단다. 내가 "혹시 제가 도울 수 있는 일이 있을까요?"라고 정중하게 물어본 덕에 결국 세계 최고의 작가 중 한 명과 친구가 되었으니까.

그때의 인연으로 기요사키와는 지금도 친하게 지내고 있단다. 우리는 문자를 자주 주고받는데, 그는 다양한 시사 문제에 관한 생각을 이야기하고 나는 그의 팀이 소셜 미디어로 소통하는 방식에 대한 피드백을 해주지.

아빠가 그때 그 간단한 질문을 던지지 않았다면 이런 일은 결코 일어나지 않았을 거야.

그러니까 꼭 기억하렴. 사람들에게 "혹시 도와드릴 일이 있을까요?"라고 물어보는 걸 두려워하지 말아야 한다는 걸.

상대방이 얼마나 성공한 사람이냐는 중요하지 않단다.

그 작은 질문 하나로 생각지도 못한 멋진 일들이 시작될 수 있다는 게 중요한 거야.

아빠가

다른 사람들이 성공하도록 도울수록
나도 더 많은 성공을 거둘 수 있다.

Letter 26.
특별한 이유가 없어도 친구에게 전화를 걸자

소피아와 레오에게

세상에는 외로운 사람들이 많아.

주기적으로 대화를 나눌 친구도 없는 데다, 과연 자신에게 관심을 가져주는 사람이 있을까 하는 생각에 마음이 무거워지는 사람들 말이야. 살다 보면 좋지 않은 일을 겪을 때도 있는데, 그때조차 이야기할 상대가 없는 사람들이 있지.

이것이 바로 요즘 같은 초연결 사회의 아이러니란다.

모두가 연결되어 있는 것처럼 보이지만, 정작 마음은 점점 더 외로워지고 있는 거지. 그리고 그 속에서 살아가는 사람들에게는 그런 고립감이 끔찍할 수밖에 없단다.

하지만 우리는 친구들이 이런 불행을 겪지 않도록 도울 수 있어. 매주 친구 한두 명에게 아무 이유 없이 전화를 걸어보렴. 특별한 용건이 없어도 괜찮아. 그냥 잘 지내는지 확인하고 요즘 어떻게 지내는지 물어보는 거야. 직장 이야기, 사람들과의 관계 이야기, 가족 이야기처럼 가벼운 대화도 좋지.

아빠는 오래전부터 그렇게 해왔단다.

그리고 전화를 걸고 나서 후회한 적은 단 한 번도 없었어.

이런 무작위적이고 자발적인 대화를 잘 이끌어가는 비결에는 두 가지 있어.

첫째, 상대방이 어떻게 지내는지 정말 진심으로 궁금해해야 해. 진심이 담기면 대화는 자연스럽게 흘러가게 되어 있거든.

친구들은 바보가 아니기 때문에 네가 의무감에 억지로 전화를 하는지, 진심으로 관심을 갖고 있는지 금방 알아차릴 거야. 그러니 친구를 속이려 하지 말고 정말 그들의 소식이 궁금할 때만 전화를 걸어야 해.

둘째, 이런 대화는 어쩌면 네가 하는 일들 가운데 가장 '이기적인' 일이 될 수도 있어. 왜냐하면 친구와 대화를 나누고 나면 대부분은 네 기분이 훨씬 좋아지거든.

그래서 통화를 마치고 나면 이렇게 생각하게 될 거야.

'이렇게 좋은 걸 왜 진작에 하지 않았을까?' 하고 말이야.

옛 친구나 오래된 동료와 이야기를 나누면 정말 기분이 좋아진단다. 그들은 아마 지금 네 곁에 있는 사람들보다 너를 더 잘 알고 있을 거야. 지금처럼 똑똑하고 경험이 많아지기 전, 서툴고 순수했던 시절의 네 모습을 알고 있으니까.

이런 대화는 네가 원래 갖고 있던 모습을 잃지 않도록 도와준단다. 또 함께 보냈던 좋은 시간을 떠올리게 해서 통화하는 내내 웃음이 끊이지 않게 해줄 거야.

인생은 원래 혼란스럽고, 누구나 바쁘게 살아가지. 그럼에도 시간을 내어 친구들에게 연락하는 건 정말 소중하고 중요한 일이란다.

그러면 우정을 더 오래 유지할 수 있고 이런 우정 덕분에 더 행복해질 거야. 그뿐만이 아니란다. 다음에 통화할 때 좋은 소식과 긍정적인 소식을 공유할 수 있도록 삶을 계속 발전시켜야겠다는 동기도 생기게 되지.

휴대폰을 들고 친구에게 전화를 걸어보렴.

아빠가

좋은 대화는 귀중하다.
오랜 친구에게 전화해 진심을 나눠라.

Letter 27.
사람들과 대화할 때 가장 많이 해야 하는 일

소피아와 레오에게

사람들은 자신에 대해 이야기하는 걸 좋아하지. 그러니 사람들이 자기 이야기를 할 수 있도록 해주렴. 출신지나 직업을 물어보고, 가족이나 취미에 대해서도 자연스럽게 질문해보는 거야.

"누군가에게 그들 자신에 대한 이야기를 해주면 그들은 몇 시간이라도 기꺼이 귀를 기울일 것이다."

베스트셀러 작가 데일 카네기Dale Carnegie가 쓴《인간관계론》이라는 책에 나오는 문장이야. 이처럼 사람들에게 관심을 갖고 질문을 던지는 것, 그것만으로도 관계를 깊게 만들 수 있단다.

카네기의 조언을 처음 읽었을 때는 그게 효과가 있을 거라는 생각이 들지 않았어. 너무 단순하잖아. 어떻게 자기 이야기를 몇 시간씩이나 할 수 있겠어? 그런데 막상 경험해보니 대부분의 사람이 아무 생각 없이 그렇게 하더구나.

아빠는 많은 정치인, 음악가, 유명인, 운동선수를 만나는 행운을 누렸어. 몇 년 동안 우리 사회에서 가장 성공한 이들을 많이 만났고, 그들을 인터뷰했지. 그리고 다양한 나라에서 수천 명의 평범한 시민을 만나는 기쁨도 누렸어.

그들 모두에게는 한 가지 공통점이 있었단다. 바로 자신만의 독특한 삶의 경험에 대해 이야기하는 걸 좋아한다는 거야.

단, 상대방이 자기 인생 이야기를 자연스레 털어놓을 만큼 너희를 신뢰하게 만드는 게 중요해. 이와 관련해서 아빠는 아주 유용한 방법을 하나 찾아냈단다. 새로운 사람을 만날 때 도요타의 '5Why' 방식을 활용하는 거야.

일본의 자동차 제조업체인 도요타는 문제의 근본 원인을 찾기 위해 "왜?"라는 질문을 다섯 번 던진다는 아이디어를 내놨어. 그들은 자동차 제조 시설에 집중했지만 사실 이 기술은 삶의 여러 측면에 적용할 수 있지. 실제로 아빠는 오랫동안 이 기술을 활용해서 사람들의 가장 흥미로운 측면을 밝혀냈단다.

누군가에게 질문한 다음, 그들이 대답하면 다시 다른 질문을 던지는 거야. "…한 이유는 뭔가요?"처럼 간단한 질문도 상관없어.

그런 식으로 계속 대화를 이어나가면서 필요할 때마다 "왜?"라는 질문을 다섯 번 이상 던졌단다.

질문을 많이 할수록 그 사람의 삶과 관련된 여러 층위가 더 많이 드러나게 되기 때문이야.

오 분 혹은 다섯 시간 뒤에 대화가 끝나면 상대방은 기분 좋게 그 자리를 떠나겠지. 그리고 너희는 그 대화를 통해 새로운 걸 배우게 될 거고.

대화를 하는 내내 자기 이야기만 하면 새로운 정보를 얻을 수 없단다. 겉으로 보기에는 아주 쉬운 교훈처럼 느껴지겠지만 쉽지 않아. 인간은 누구나 자기 이야기를 하고 싶어 하는 본능을 갖고 있기 때문이지. 그러니까 그런 충동을 억제해야 해.

네 이야기는 이미 네가 가장 잘 알고 있으니, 다른 사람의 이야기를 듣는 데 시간을 투자하자꾸나.

듣는다는 건 그만큼 세상을 넓게 바라보는 방법이기도 하니까.

아빠가

훌륭한 의사소통 기술을 갖추고 있으면
사업도 인생도 더 쉬워진다.

Letter 28.
너를 춤추게 하는 일에 정답이 있다

소피아와 레오에게

살면서 자기가 하는 일에 진정으로 관심을 기울여야 한단다. 이것이 남다른 삶을 살아가는 가장 좋은 방법이지. 일, 인간관계, 취미 생활, 무엇이든 마찬가지야.

관심을 억지로 꾸며낼 수는 없어. 다른 사람들은 네가 어떤 일에 진심으로 열정을 품고 있는지 아닌지를 금세 알아차릴 수 있거든. 거짓을 꾸며내도 그런 건 금세 드러나게 마련이야. 게다가 가장 속이기 힘든 사람은 결국 자기 자신이란다.

업무에 관심을 기울이면 필연적으로 더 열심히 일하게 되고 새로운 기술을 익히는 데 더 많은 시간을 쏟게 되지. 결국 장기적으로 큰 성공을 거둘 수 있어.

인간관계에 신경을 쓰면 친구들과 더 즐거운 시간을 보내게 되고 사랑하는 이들과의 유대감이 훨씬 깊어질 거야. 그리고 취미생활에 신경을 쓰면 취미 활동에서 더 큰 즐거움을 얻게 될 테고.

그러니까 관심을 꾸며내려고 애쓰지 말고, 스스로 정말 좋아하는 일이 무엇인지 찾아내도록 하렴.

아빠 이야기를 들려줄게. 어린 시절 아빠는 나중에 크면 변호사가 될 거라고 생각했단다. 그건 아빠 혼자만의 생각이 아니었어. 나는 주장을 조리 있게 표현하고, 격렬한 토론을 벌이는 데 능숙했어. 또한 분석 능력도 뛰어났고, 세부적인 부분까지 주의를 기울이는 편이었지. 이런 내 성향은 복잡한 법률 규칙을 이해하는 데 분명 도움이 되었을 거야.

그래서 당시 주변에 있던 거의 모든 사람이, 아빠가 훌륭한 변호사가 될 거라고 말했어. 부모님, 선생님, 스포츠팀 코치, 그리고 아빠가 만났던 많은 어른이 한목소리로 그렇게 말했지. 모두 내가 변호사가 될 운명이라고 믿고 있었던 거야. 덩달아 아빠도 당연히 변호사가 되어야겠다고 생각했지.

하지만 시간이 지나면서 큰 문제가 생기기 시작했단다.

나는 훌륭한 변호사가 될 수 있을 거라는 생각은 했어. 아주 막연한 생각이었지. 하지만 정작 로스쿨에 다니거나, 변호사 시험에 합격하거나, 법정에서 사람들과 논쟁을 벌이며 경력을 쌓는 일에는 전혀 관심이 없었지. 간단히 말해 변호사가 되는 일에 진심으로 신경을 쓰지는 않았던 거야.

내가 변호사의 길을 가지 않기로 결심했을 때 주변 사람들은 꽤 큰 충격을 받았단다. 어땠을지 상상이 되지 않니? 하지만 아빠는 주변 사람들의 말에 흔들리는 대신 내가 정말 관심 있는 일이 뭔지 생각하기 시작했어.

나는 여가 시간을 어떻게 보냈지? 친구들과 대화할 때 어떤 주제가 나오면 신이 났지? 최신 정보를 얻기 위해 매일 어떤 데이터를 찾아다녔지?

나 자신에게 이런 질문을 던졌고 답을 하나씩 찾아가다 보니 결국 사업과 기술 분야에 이끌리게 되었단다.

아빠는 창업과 관련된 모든 것에 마음이 끌렸어. 회사를 설립하는 창업자, 회사를 지원하는 투자자, 기술 산업의 흐름을 연구하는 업계 분석가들에 대해 이야기할 때는 시간 가는 줄도 몰랐지.

IT 기업에서 경력을 쌓겠다고 결심한 이유도 그래서야. 그쪽에 계속 관심이 갔거든.

그런 이유 때문일까. 나는 살면서 단 하루도 억지로 일을 한 적이 없는 것 같아. 워런 버핏은 매일 "탭 댄스를 추면서 출근한다."라고 말한 적이 있는데 아빠도 마찬가지란다.

   본인이 하는 일에 진정한 관심을 기울이는 것은 인생에 주어지는 가장 큰 축복 중 하나야.

   이 소중한 장점을 절대 허비하지 말길 바란다.

아빠가

호기심을 품고 진실한 태도로
솔직하게 행동하자.

Letter 29.
직접 만나야만
얻게 되는 것들이 있다

소피아와 레오에게

세상이 점점 더 디지털화되어가고 있지만, 때로는 비행기를 타고 사람들을 직접 만나러 가야 한다는 걸 잊지 말아라. 이건 특별하고도 비범한 삶을 살아가는 데 있어 정말 중요한 요소야.

사람들과 직접 만나서 대화를 나누는 것만큼 좋은 건 없어. 그런 만남을 통해 다른 이들과의 유대감이 강해질 뿐만 아니라 너희가 시작한 일을 끝까지 해낼 수 있는 확률도 높아지거든.

아빠는 벤처 캐피털 펀드를 모금할 때 이 사실을 처음 깨달았단다. 그전에는 전화나 화상 통화로 모든 일을 처리했지. '서로 다른 장소에 있어도 소통할 수 있게 해주는 혁신적인 기술이 많은데 왜 굳이 이동하느라 시간을 낭비해야 할까?' 그렇게 생각했기 때문이야.

그 전략은 내게 잘 맞았고 효과도 있었지만 한 영업사원이 내 생각을 바꿔놓았단다. 그는 펀드 모금을 도와준 사람이었는데, 내가 전화나 컴퓨터를 이용해서 사람들과 이야기할 계획이라고 말하니까 피식 웃더구나. 자기도 모르게 웃음이 새어 나온 거야.

그가 보기에는 내 계획이 너무 터무니가 없었대. 몇 번의 대화 끝에 그는 결국 나를 설득했고, 우리는 버지니아로 가서 잠재 투자자들을 직접 만나기로 했어.

그날 아침, 아빠는 뉴욕을 떠나 워싱턴 DC로 향하는 비행기에 올랐단다.

우리는 하루 내내 여기저기 사무실을 돌아다니면서 다양한 사람과 조직을 만났어. 그렇게 직접 만나서 나눈 대화는 당연히 화상 회의보다 질적으로 뛰어나고 결과도 좋았지.

특히 우리가 그들을 만나기 위해 비행기를 타고 날아갔다는 사실 자체가 큰 효과를 발휘했어. 우리가 얼마나 진지한지 보여주는 강력한 신호가 되었거든. 그뿐만이 아니야. 내 눈을 직접 마주 보고, 악수를 나누고, 내가 어떤 사람인지 직접 느낄 수 있었다는 점도 그들에게는 중요하게 작용했지.

낡은 방법처럼 느껴질지도 모르지만 확실히 효과가 있었단다.

그날 하루가 끝나갈 무렵, 벤처 캐피털 펀드에 투자하겠다는 첫 번째 약속을 받아냈어. 그리고 그 첫 번째 투자자가 결국 우리 펀드 전체에서 가장 큰 금액을 차지하는 투자자가 되었지. 비행기로 몇 시간밖에 걸리지 않는 당일치기 여행으로 꽤 괜찮은 성과를 올린 셈이야.

이 방법은 사업에만 적용되는 게 아니란다.

몇 년 뒤, 아빠는 존 매커피John McAfee를 인터뷰하고 싶어졌어. 매커피는 마약과 범죄로 악명을 떨친 전설적인 기술 사업가인데 아내와 함께 카리브해에서 배를 타고 도망 다니며 살고 있었지.

그들과 연락이 닿았을 때 나는 세계 어디든 날아가서 만나겠다고 제안했어. 그 말을 듣자 그쪽에서도 만남을 성사시키는 데 훨씬 진지하게 임하더구나. 매커피의 아내가 바하마 근처 어디쯤에 있을 건지, 또 언제 도착할 건지 내게 말해줬단다.

나는 곧바로 항공편을 예약하고 그들에게 예약 확인서를 보냈어.

그 여행에서 있었던 일은 아빠가 경험한 가장 멋진 일이자 미친 일 중 하나였어. 나는 배 위에서 매커피를 만나 몇 시간을 함께 보냈단다. 그리고 그의 삶과 현재 상황에 대한 그의 생각, 그가 유산으로 남기고 싶어 하는 것 등에 대해 이야기를 나눴지.

그 만남을 통해 아빠는 인생이 얼마나 연약한지 다시 깨달을 수 있었어. 한때 억만장자였던 존 매커피가 이제는 당국의 눈을 피해 외국에 숨어 사는 신세였으니까. 매커피의 그런 모습을 보니 왠지 서글픈 느낌도 들었어. 하지만 한편으로는 자신의 원칙을 충실히 지키면서 남은 날들을 최대한 즐기려고 노력하는 모습도 볼 수 있었어.

만약 아빠가 비행기를 타고 그를 직접 만나러 가지 않았다면 그런 귀한 교훈은 절대 얻지 못했을 거야.

그러니까 너희들도 꼭 그렇게 하렴.

너희가 정말 소중하게 생각하는 일이 있다면 직접 발로 뛰어야 해. 비행기를 타고서라도 만나야 할 사람을 만나고, 정성을 다해 임하길 바란다.

그러면 디지털 세상에서도 너희의 존재를 알릴 수 있을 거야. 그 작은 노력이 큰 차이를 만들어내고, 결국 남들보다 특별한 삶을 만들어줄 거란다.

아빠가

관계와 경험은
시간을 투자하는 만큼
진정성이 생긴다.

Letter 30.
영웅이 동료보다
더 중요하다는 착각

소피아와 레오에게

영웅보다 동료를 더 소중하게 여기는 법을 배우도록 하렴.

이건 우리 직관과 살짝 어긋나는 이야기니까 아빠가 설명해줄게. 젊은 사업가는 성공한 사람에게 관심을 갖게 마련이지. 여기서 말하는 성공한 사람이란 유명한 투자자나 억만장자 CEO, 어떤 업계에서 정상에 오른 사람 등일 거야.

이 사람들이 성공한 방식에 강하게 매료되면 그들을 만나 직접 배우고 싶고, 언젠가는 친구가 되어 함께 사업을 하고 싶다는 꿈도

꾸게 되지. 뭐든 가능하단다. 하지만 아빠는 사람들이 영웅을 과대평가하고, 정작 주변의 동료들은 과소평가하는 경향이 있다는 걸 알게 되었단다.

나도 대학에 다닐 때는 과 친구들에게 별다른 관심이 없었어. 그보다는 대학에 수백만 달러를 기부하는 사람들을 만나고 싶었지. 직장 생활을 막 시작했을 때는 옆자리 신입 직원보다는 임원진을 만나 시간을 보내고 싶었고. 투자를 시작했을 때도 마찬가지였어. 다른 젊은 투자자들에게는 관심이 없고 대신 경험이 풍부하고 부유한 투자자들을 소개받는 일에 훨씬 더 흥분했지.

하지만 내가 영웅이라고 여기던 이들을 만나기 시작하면서 흥미로운 사실을 알게 되었단다.

그들 모두 20년 이상 알고 지낸 친구들에 대해 이야기를 했다는 점이야. 이들은 어떤 사업을 하고자 할 때 CEO가 된 친구나 큰 거래를 움직이는 투자자에게 전화를 걸 수 있는 위치에 있었단다. 그런 친구들과 함께 사업을 키우고, 수십 년간 쌓아온 신뢰를 기반으로 관계를 이어온 거지.

너희가 성공을 거둘수록 학교나 직장에서 함께 시간을 보냈던 이들이 가장 중요한 자원 중 하나가 될 거야. 우리는 필요할 때만 연락할 수 있는 성공한 사람들의 인맥만 원하지 않아. 서로 신뢰할 수 있는 친구, 함께 성장해온 야심 찬 친구들도 원한단다.

영웅을 만나서 직접 배우는 건 아주 좋은 일이야. 만나는 모든 이들에게서 최대한 많은 것을 배우려고 노력하는 건 멋진 태도니까. 하지만 영웅을 친구로 착각하지는 마. 그들은 너희를 세상 물정을 익히려 애쓰는 어린아이로 여길 테니까. 가끔 호의를 베풀지도 모르지만, 그 영웅들이 수십 년 동안 너희 곁에 있어줄 거라고 기대할 수는 없어.

하지만 우리가 신뢰하는 친구들은 다르단다. 그들은 오랫동안 곁에 남아줄 거야. 그러니 친구나 동료들과 시간을 보내렴. 그들의 이야기를 듣고, 그들의 가족을 만나고, 그들이 무엇을 원하고 꿈꾸는지, 또 어떤 사람인지 진심으로 관심을 가져야 해.

함께 할 수 있는 일을 찾아보는 것도 좋아. 목표를 함께 나누면서 서로를 더 깊이 이해하게 될 거야. 함께 하는 일이 많을수록 서로를 신뢰하는 법을 배우게 되고, 일이 잘 풀리면 더 큰 기쁨을 얻게 될 거란다. 혹여 일이 잘 풀리지 않더라도 우정을 더욱 굳건히 하는 기회가 될 테지.

영웅이 동료보다 더 중요하다는 착각에 빠지지 않도록 주의하렴. 아빠는 살면서 오히려 그 반대라는 사실을 분명히 깨달았단다.

아빠가

영웅보다 동료와 시간을 많이 보내자.
물론 둘 다 배울 점이 있겠지만,
시간이 지나면 영웅보다 동료에게
자주 전화하게 될 것이다.

Letter 31.
특별한 사람과 특별한 대화로 인생을 채우는 법

소피아와 레오에게

특별한 삶은 특별한 사람들과의 특별한 대화로 가득 차 있단다.

이걸 자주 경험할 수 있는 한 가지 방법은 집에서 저녁 식사 모임을 여는 거야. 그러면 초대 손님 목록, 요리, 대화 방향 등을 직접 결정할 수 있지. 자기가 원하는 사람은 누구든 초대할 수 있으니까 흥미로운 사람이 있다면 그를 식사에 초대하면 돼.

그런 사람을 식사에 초대하지 못할까 봐 걱정되니? 방법을 하나 알려줄게.

사람들은 대부분 자신이 주인공이 되는 걸 좋아한단다. 그러니 모두가 만나고 싶어 하는 매력적인 사람이 있다면, 그 사람에게 그를 위한 특별한 식사 모임을 열 생각이라고 말해보렴. 그러면 참석할 가능성이 훨씬 높아질 거란다.

그리고 다른 사람들에게도 '이 모임은 ○○를 위한 자리'라고 소개하면 더 많은 사람이 기꺼이 참여하려 할 거야. 매력 있고 흥미로운 사람들은 서로 어울리는 걸 좋아하거든.

이제 흥미로운 사람들 몇 명이 저녁을 먹으러 오게 되었네. 이때 재미있고 기억에 남는 흥미진진한 시간을 보내려면 어떻게 해야 할까? 다 같이 이야기할 주제를 고민해서 질문을 몇 가지 준비해두는 게 좋아.

너희 엄마와 나는 예전부터 이런 일을 해왔어. 우리는 다양한 업계에서 일하는 친구들을 불러 모았지. 개중에는 오랜 친구도 있고 소개받은 지 얼마 안 된 사람도 있어.

얼마나 알고 지냈는지는 상관 없어. 모임의 분위기와 성공적인 저녁 식사 자리를 만드는 것은 주로 좋은 질문에 달려 있단다.

내가 이런 모임에서 자주 하는 질문 중 하나는 이거야.

"사람들이 화낼까 봐 두려워서 공개적으로 밝히기 힘든 생각은 뭔가요?"

또 다른 좋은 질문에는 이런 것도 있어.

"최근에 관점을 바꾸거나 달리 생각하게 된 문제가 있나요?"

"평생 단 하나의 기억만 간직할 수 있다면 어떤 기억을 선택하겠습니까?"

이런 질문을 받으면 사람들은 평소보다 더 깊이 생각하게 되고, 서로에게 솔직하고 인간적인 모습을 보여주게 되지. 그리고 대화는 자연스럽게 흘러가 저녁 내내 이어진단다.

결국 이 모든 것이 사람들을 하나로 묶어주고, 모임이 끝날 때쯤이면 서로를 훨씬 잘 알게 되지.

인생은 즐거워야 해. 정기적으로 저녁 식사 자리를 마련하고 친해지고 싶은 사람들을 초대해보렴. 흥미로운 사람들과 흥미로운 대화를 나누고 싶어 하는 사람이 생각보다 훨씬 많다는 걸 알게 될 거야. 이런 모임은 새로운 우정, 사업 기회, 예상치 못한 좋은 결과들을 가져다줄 수도 있어.

혹시 망설여지니? 그럴 땐 그냥 한번 해보렴.

특별한 만남과 대화를 통해 특별한 삶이 시작될 수 있단다.

아빠가

저녁 식사 자리에서 적당히 진지하고
가치 있는 대화를 유도하기에 좋은 질문 하나 더:
"다른 사람을 위해서 한 일 중
가장 영향력이 컸던 일은 무엇인가요?
왜 그런 일을 했나요?"

Letter 32.
누구와 함께 가느냐에 따라 여행의 풍경이 달라진다

소피아와 레오에게

우리 주변에는 성장 파트너가 많아야 해.

조금 생소하게 느껴지지? 성장 파트너란 수십 년에 걸쳐 지식과 건강, 부, 관계 등 삶의 여러 부분에서 서로를 독려하고 함께 성장하기 위해 노력하는 사람들이란다. 이런 친구는 찾기 힘들지만 일단 찾기만 하면 우리 삶에서 매우 중요한 역할을 하지.

그는 너를 한 단계 높은 곳으로 끌어 올려줄 거야. 이들과는 양질의 대화를 나눌 수 있고, 그가 성공하는 모습을 보면 너도 더 많은 걸 성취해야겠다는 영감을 얻게 되겠지. 그리고 친구들이 성공하거나 실패하는 모습을 통해 값진 교훈도 얻게 될 거란다.

아빠의 성장 파트너 중 한 명인 마틴은 수억 달러 매출을 올리는 대규모 기술 회사를 운영하고 있어. 하지만 처음부터 그렇게 성공했던 건 아니야. 지금 운영하는 회사는 세 번째로 창업한 곳이란다. 현재의 성공은 같은 아이디어를 서너 번 반복하고 다듬은 끝에 얻은 결실이지.

그는 어떻게 이런 일을 해냈을까?

마틴은 끊임없이 배우고 개선하려는 열망을 품고 있는 사람이야. 계속해서 책을 읽고, 팟캐스트를 듣고, 성공한 창업자나 투자자와 대화를 나누지. 아빠가 아는 사람 중에서 마틴만큼 많은 질문을 던지는 사람은 드물어.

마틴과 아빠는 새로운 것을 배우면 서로에게 알려주고, 전화 통화를 마친 뒤에는 그날 얻은 교훈을 문자로 공유하기도 해. 좋은 책이나 기사를 발견하면 바로 상대에게 알려주는 것도 잊지 않는단다. 사업, 건강, 인간관계, 행복 등 다양한 분야에 걸쳐 이런 정보와 교훈을 나누고 있지. 우리는 이렇게 정보를 모으고 공유하는 과정을 끊임없이 반복한단다.

솔직히 말해서 대부분의 사람은 이렇게 집요하게 배움을 이어가지 않아. 수십 년에 걸쳐 다양한 능력을 복합적으로 키워가려는 인내심과 노력을 가진 사람은 정말 드물거든. 만약 내가 이런 방식으로 다른 사람과 정보를 주고받았다면, 아마 대부분은 제발 좀 그만하라고 했을 거야.

그래서 나와 비슷한 열정으로 함께 배우고 성장해나갈 수 있는 파트너를 만났다는 건 정말 큰 행운이자 소중한 일이란다.

동기 부여 전문가 짐 론Jim Rohn은 "당신은 가장 많은 시간을 함께 보내는 다섯 사람의 평균이다."라고 말했어.

앞으로 수십 년 동안 지식과 건강, 부, 깊은 관계를 더욱 키워가고 싶다면 이미 그런 식으로 살고 있는 사람들과 어울려야 해.

너희가 앞으로 살아갈 인생의 질은 결국 누구와 함께 시간을 보내느냐에 달려 있단다.

아빠가

나는 주변에 성장 파트너들을 많이 두려고 한다.
그들은 지식과 건강, 부, 관계 등
삶의 여러 부분에서
서로를 독려하고 함께 성장하기 위해
노력하는 사람들이다.

Letter 33.
아무도
신경 쓰지 않는다

소피아와 레오에게

다른 사람들이 널 어떻게 생각하는지 궁금해하면서 시간을 낭비하지 말아라. 사실 다른 사람들은 너에 대해 별로 생각하지 않는단다. 다들 자기 삶에 몰두해 있기 때문에 남에게 신경 쓸 여유조차 없는 경우가 대부분이야.

아빠도 예전에는 이걸 잘 이해하지 못했어.

고등학생 때는 항상 다른 사람들이 날 어떻게 생각하는지 신경 쓰이고 궁금했지. 친구들은 나를 어떻게 생각할까? 선생님들은? 대학 입학 담당자는? 미식축구 코치는? 내가 좋아했거나 싫어했던 여자애들은?

하지만 이 모든 건 엄청난 시간 낭비였어.

이 사람들은 내 생각을 하지 않았을뿐더러, 설령 생각했더라도 그런 건 중요하지 않아. 그때 알던 사람 중 90퍼센트는 이제 이름조차 잘 기억나지 않거든. 다들 각자의 인생길을 갔으니까. 그들 모두 잘 지내기를 바라긴 하지만 사실 이 편지를 쓰기 전까지는 그들을 단 한 번도 떠올려본 적이 없더구나.

우리는 다른 사람들이 날 어떻게 생각할까 하는 걱정에 쉽게 빠지곤 한단다. 우리의 작은 결정이나 행동 하나가 다른 사람들의 인식을 바꿀 수 있다고 생각하기 때문이지. 하지만 사실 너를 잘 아는 사람들은 네 결정이나 행동을 쉽게 판단하지 않아. 오히려 일일이 트집을 잡는 사람들은 네가 굳이 관심을 가질 필요조차 없는 이들이야.

남을 배려하지 않고 멋대로 살라거나, 이기적인 삶을 살라는 뜻이 아닌 거 알지? 다른 사람들의 시선에 얽매여 너 자신을 잃지 말라는 뜻이란다.

다른 사람을 기쁘게 하려고 애쓰는 삶은 비범한 삶과는 거리가 멀지. 어쩌면 정반대되는 삶이야. 타인의 시선에 얽매여 사는 태도는 승자가 없는 일종의 정신적 감옥일 뿐이야.

남들이 너를 어떻게 생각할지 걱정하지 말고 네가 스스로 누구인지를 아는 데 집중하렴. 그러면 남들의 의견이 중요하지 않게 되고, 그 순간부터 삶이 훨씬 자유로워질 거야.

너희 삶의 주인은 너희 자신이란 걸 기억하렴.

아빠가

자신이 누구인지 알면 다른 사람의 의견은
중요하지 않다는 사실을 깨닫게 되고,
그러면 삶이 바뀔 것이다.

Letter 34.
친구를 멀리해야
할 때도 있다

소피아와 레오에게

지루한 사람들에 둘러싸여 있으면 비범한 삶을 살 수 없단다.

받아들이기 힘들겠지만 사실이야. 야심 찬 사람들을 찾아야 해. 엄청난 도전을 추구하는 사람. 삶의 모든 순간을 꽉꽉 채우는 사람. 그리고 자신만의 특별한 삶을 사는 사람을.

하지만 한꺼번에 아주 많은 친구를 사귀기는 어렵단다. 전문가들 말에 따르면 우리 뇌는 150명이 넘는 사람들과의 관계를 관리할 수 없대. 여기에는 함께 일하는 사람, 수년간 만났던 사람, 꾸준히 어울리는 사람이 모두 포함되지.

그래서 인생에서 가장 소중한 사람들을 위한 자리를 마련하려면, 지루한 친구들과는 자연스럽게 거리를 둘 줄 알아야 해.

물론 지루하다고 해서 그 사람이 나쁜 사람이라는 뜻은 아니야. 좋은 친구가 아니라는 이야기도 아니고. 하지만 지루한 것은 특별한 삶을 사는 데 도움이 되지 않아.

고등학생 시절의 친구들과 억지로 친분을 이어가려는 사람은 고등학교 동창들과의 지루한 관계를 쉽게 끊지 못할 거야. 이건 일에서도 마찬가지란다. 업계 안의 사람들과 넓게 인맥을 쌓으려는 사람은 지루한 친구들과도 억지로 관계를 유지하려 하겠지.

하지만 특별한 삶을 살고 싶다면 가급적 지루한 친구들은 멀리하고 비범한 사람들을 찾아야 해. 진짜 친구라면 네가 더 높은 곳을 향해 나아가는 걸 이해해줄 거야.

다행히 아빠는 시간이 지나면서 이런 사람들을 자연스럽게 만날 수 있었어. 아빠는 엘리트 군인, 세계 기록 보유자, 수십억 달러 규모의 회사 설립자, 베스트셀러 작가, 아레나 공연을 매진시키는 아티스트, 세계 여행가, 매우 성공적인 가정을 꾸린 부모 등을 친구로 두고 있어. 이 친구들은 본인이 상상했던 것보다 더 놀라운 순간을 맞이했지.

이런 사람들과 어울리면 인생에서 더 많은 걸 이루고 싶다는 영감을 받게 된단다. 그들의 삶이 좋은 본보기가 될 뿐 아니라 긍정적인 자극을 주니까. 결국 우리가 찾아야 하는 것은 바로 이런 사람들이야. 더 큰 목표를 향해 끊임없이 밀어 올려주고, 비범한 삶으로 이끌어주는 사람들 말이야.

인간은 시간이 지날수록 안정을 추구하는 경향이 있단다. 금요일 밤이면 집에 있고 싶고, 해외여행도 100번째가 되면 어느새 귀찮게 느껴질 수 있어. 가족, 일, 취미 같은 삶의 여러 부분이 과거에 품었던 꿈들을 방해하기도 하지. 이런 관성과 맞서 싸워야 해.

나이가 들수록 움츠러드는 걸 경계하고 다시 도전하고 모험할 수 있어야 한단 뜻이야.

비범한 삶을 살아가는 사람들과 함께 있다면 이 싸움을 훨씬 힘 있게 버틸 수 있을 거야. 반대로 지루한 사람들과 함께하면 지금의 상황에 머물게 될 테지.

현상 유지야말로 우리의 가장 큰 적이란다. 세상에는 현재에 안주하는 사람들이 너무나 많지만, 그 길은 이미 낡고 더 이상 빛나지 않아. 우리의 목표는 남들이 걸어온 길을 따르는 게 아니라 자기만의 길을 스스로 만들어가는 거야.

언젠가 손주들에게도 자랑스럽게 들려줄 수 있는 이야기를 가진 삶, 그게 바로 비범한 삶이란다.

비범한 삶이 모든 사람에게 어울리는 건 아니야. 사실 대부분의 사람에게는 버거울 수 있는 길이지. 하지만 너희는 할 수 있어. 아빠는 그렇게 믿는단다.

그렇다고 지루한 친구들과 무례하게 멀어질 필요는 없어. 굳이 말로 설명하지 않아도 된단다. 조용히 거리를 두고 각자의 길을 가면 되는 거야. 그럼 자연스럽게 관계가 정리되고 결국 너희가 원하는 삶을 자유롭게 살아갈 수 있을 거야.

항상 기억하렴. 평범한 사람들 속에 있어서는 비범한 사람이 될 수 없다는 것을.

아빠가

성공한 사람들을 주변에 두자.
반드시 위대한 인물이 되고야 말 사람들을 찾자.
그리고 그들을 따라잡기 위해 전력 질주하자.

Letter 35.
천억 달러와도
바꿀 수 없는 것

소피아와 레오에게

시간은 세상에서 가장 귀중한 자산이란다.

아빠도 인생 전반부에는 이 사실을 이해하지 못했어. 그런데 다행히 인터넷에서 어떤 이야기를 읽고 관점이 완전히 바뀌었지. 그 이야기는 이런 질문으로 시작돼.

"당신은 워런 버핏보다 부자인가?"

당시 버핏은 세계에서 가장 부유한 세 사람 중 한 명이었어. 보유 자산이 10억 달러 이상이라고 알려져 있었기 때문에 전 세계에서

"내가 워런 버핏보다 더 부자다."라고 자신 있게 말할 수 있는 사람은 단 두 명뿐이었지.

하지만 이 질문에는 교묘한 함정이 숨어 있단다. 이 이야기에 숨겨진 함정은 뭘까? 버핏이 아흔 살이 넘었다는 점이야. 아무리 돈이 많아도 나이 먹는 걸 막을 수는 없지. 그래서 다음 질문은 이렇게 이어졌어.

"내일 아침 눈을 떴을 때, 10억 달러가 생긴 대신 아흔 살이 되어 있다면 그 거래를 하겠습니까?"

어때? 너희라면 바꾸겠니?

정신이 멀쩡한 사람이라면 과연 이런 거래를 할까. 1,000억 달러가 생긴다 해도 그걸 수십 년의 삶과 맞바꾸지는 않을 거야. 그 돈을 즐길 시간도 별로 없을 테니까 말이지.

그래서 오늘의 너희가 워런 버핏보다 부유한 사람이 될 수 있는 거야. 너희는 버핏보다 많은 시간을 갖고 있고, 시간은 돈보다 훨씬 더 가치 있는 자산이란다.

그런데 아빠가 왜 이렇게 시간을 들여 시간의 가치를 설명하는 걸까? 그 이유가 뭔 줄 알겠어?

우리는 평소 돈의 가치는 중요하게 생각하면서 시간의 가치는 그보다 가볍게 여기는 경향이 있어. 하지만 시간을 현명하게 쓰지 않으면 결국 돈도, 성공도, 행복도 얻을 수 없단다.

그러니 이제부터는 시간을 최대한 소중히 사용해야 해. 그리고 내 시간이 소중한 만큼 다른 사람의 시간도 똑같이 존중해야 하고. 남들의 시간을 허비하는 부탁은 하지 말고 약속에 늦지 않도록 최선을 다하렴. 혹시 부득이하게 약속을 취소하거나 늦게 될 경우에는 바로 상대방에게 알리는 배려도 잊지 말고.

아빠가 대학에서 미식축구를 할 때 코치가 늘 이런 말을 했단다.

"5분 일찍 오는 게 정시에 오는 것이고, 시간에 딱 맞춰 오는 건 지각이다."

아빠는 이 말을 평생 잊지 않고 살아왔어.

다른 사람의 시간을 존중하면 그들도 네가 진지한 사람이라는 걸 알게 될 거야. 시간의 가치를 아는 사람이라고 여기게 되는 거지. 그리고 재미있는 건 상대방도 이제 네 시간을 낭비하지 않으려고 최선을 다하게 된다는 점이야.

사람들은 다른 사람의 좋아 보이는 행동을 따라 하는 경향이 있거든.

시간은 소중하니까 1초도 낭비하지 말도록 하자.

아빠가

다른 사람의 시간을 존중하면
그들도 우리 시간을 존중해줄 것이다.

Letter 36.
세상은
구하는 자를 구해준다

소피아와 레오에게

우리는 조금 더 적극적으로 살아갈 필요가 있어. 그런데 소심한 태도로 살아가는 사람들이 너무 많단다. 그들은 야망을 품는 걸 두려워하고, 비범한 삶을 살 수 있는 위치에 올라서는 것을 피하지.

너희는 이런 함정에 빠지지 않기를 바란다. 살면서 원하는 것이 있다면 그냥 구하기만 하면 돼. 생각보다 훨씬 많은 것들을 얻을 수 있거든.

"구하지 않으면 아무것도 얻을 수 없다."

아빠는 이 말을 20대 초반에 처음 들었는데, 너무 단순해서 말이 안 된다고 생각했어. 이게 정말 삶의 비결이란 말이야? 그냥 뭔가를 구하기만 하면 그 일이 일어난다고? 인생이 그렇게 쉬울 리는 없다고 생각했지.

우리가 따로 요구하지 않더라도 일어날 일은 대부분 일어날 거야. 하지만 진짜 원하는 성취나 경험, 이정표들은 절대 그냥 주어지지 않는단다. 하지만 누군가에게 요구하면, 비록 성공할 확률이 낮더라도 적어도 0퍼센트보다는 높아질 거야.

아빠는 이 단순한 원칙을 재정 관리에 활용해왔단다. 예를 들어 볼게. 전에 테슬라 모델 Y를 팔 때 있었던 일이야.

대리점 직원이 제시한 첫 번째 매입가는 내가 생각하기에는 지나치게 낮았어. 하지만 그는 꽤 괜찮은 가격이라고 주장했지.

나는 그냥 받아들이지 않고 영업사원에게 제안했어. 상사에게 가서 조금 더 높은 가격을 제시할 수 있는지 물어봐 달라고 부탁했지. 몇 분 뒤에 돌아온 그는 나에게 몇천 달러 높은 금액을 제시했어. 이것만 봐도 알 수 있지. 구하지 않으면 얻을 수 없다는 걸.

또 다른 예화를 들려줄게. 직장 생활 초기에 어떤 대기업에서 연봉 협상을 한 적이 있어. 당시에는 돈이 별로 없었는데 그 일을 하려면 미대륙 반대편으로 이사를 가야 했지. 그래서 채용 담당자와 연봉 협상을 마친 뒤 나는 조심스럽게 이사 비용을 지원해 달라고 요청했어.

처음에는 어렵다고 하더구나. 하지만 나는 상사에게 가서 물어봐 달라고 정중하게 부탁했어. 그리고 이틀 뒤, 어떤 일이 일어났을까? 내 급여에 1만 달러의 이사 비용이 추가된 계약서가 왔고, 아빠는 거기에 서명할 수 있었단다.

이 교훈은 돈에만 적용되는 게 아니라 인생의 여러 영역에서 활용할 수 있어. 아빠가 너희 엄마를 처음 만났을 때도 그랬지.

목요일 아침, 우린 커피숍에서 우연히 만나 즐겁게 대화를 나누었어. 너희 엄마는 그 주말에 여행을 떠날 예정이라고 하더구나. 한눈에 엄마에게 반한 아빠는 도저히 다음 주까지 기다릴 수가 없었어. 그래서 어떻게 했을까? 바로 그날 저녁, 함께 식사하면 어떻겠냐고 솔직하게 물어봤단다.

많은 사람이 그렇게 직설적으로 물어보는 걸 두려워해. 하지만 아빠는 '구하지 않으면 아무것도 얻을 수 없다'라는 걸 알고 있었기에 주저하지 않았단다.

살면서 정말 원하는 것이 있다면 용기를 내어 요구해보렴. 요구한 걸 실제로 손에 넣게 되는 경우가 많을 거야.

세상은 구하는 자에게 주는 법이란다.

아빠가

그냥 요구하기만 해도 얻을 수 있는 게
얼마나 많은지 놀랄 것이다.

Letter 37.

불평에 에너지를 쏟는 사람,
경쟁에 에너지를 쏟는 사람

소피아와 레오에게

살다 보면 일이 잘못될 때가 있어. 때로는 정말 크게 틀어지기도 하지. 이건 누구에게나 일어나는 일이고 피할 수도 없단다.

하지만 너무 걱정하지는 마. 그 순간에는 절망적으로 느껴질 수 있지만, 대부분의 일은 시간이 지나면 극복할 수 있으니까. 나쁜 상황에 대처하는 방법을 마음속에 미리 준비해두면 그 상황을 훨씬 더 잘 관리할 수 있게 된단다.

아빠가 친구들에게 자주 하는 말이 있어.

"경쟁하되, 불평하지 말자."

일이 잘못되면 자신을 불쌍하게 여기기 쉬워. 세상이 공평하지 않다고 여기고 왜 자기한테만 그런 나쁜 일이 일어났는지 원망하기도 하지.

하지만 기억하렴. 상황이 아무리 힘들어도 불평과 불만만 늘어놓는 사람이 되어서는 안 된다는 걸. 불평가는 떠드는 데는 능하지만 행동하는 데는 매우 서툴러. 그들은 상황에 대한 책임을 떠넘길 다른 사람을 찾으면서 대부분의 시간을 보낸단다. 본인이 책임지는 걸 질색하거든.

불평이 습관이 된 사람들은 세상을 비관적으로 바라보게 된단다. 같은 유리잔을 보고도 늘 반쯤 비어 있다고 생각하고 언제나 자신을 피해자로 여기지. 하지만 이런 태도로는 인생의 승자가 되기 힘들다는 걸 명심하렴. 불평에 에너지를 쏟는 사람은 정작 중요한 순간에 제대로 싸우기 힘들거든.

나는 진짜 경쟁자들을 존경해. 그들은 어떤 역경 앞에서도 이기기 위해 필요한 모든 걸 할 준비가 돼 있는 사람들이야. 그들의 태도는 늘 긍정적이고 끊임없이 다음 행보를 고민하지. 부루퉁해 있거나 세상 탓을 하느라 시간을 낭비할 여유가 없어. 경쟁에 나선 사람들은 행동하느라 바쁘단다.

전직 해군 특수부대 장교 조코 윌링크 Jocko Willink 는 어떤 문제가 생겨도 "좋네."라고 말한다고 해. 그는 그 이유를 다음과 같이 설명했어.

상황이 나빠져도 뭔가 좋은 결과는 반드시 생긴다.
오, 임무가 취소됐다고? 좋네. 다른 임무에 집중할 수 있겠어.
원하던 최신 고속 장비를 얻지 못했다고? 좋네. 일이 간단해졌어.
승진을 못 했다고? 좋네. 실력을 키울 시간이 늘어났어.
자금을 조달하지 못했다고? 뭐, 좋네. 회사 지분을 더 많이 보유할 수 있어.
원하는 직장에 취직하지 못했다고? 좋네. 나가서 경험을 많이 쌓고 지금보다 좋은 이력서를 작성하면 돼.
부상을 입었다고? 좋네. 훈련을 좀 쉴 필요가 있었어.
지쳤다고? 뭐, 좋네. 거리에서 지치는 것보다 훈련하다가 지치는 편이 낫지.
졌다고? 좋네. 실패에서 교훈을 얻었어.
예상치 못한 문제가 생겼어? 좋네. 새로운 해결책을 발견할 수 있겠어.
그렇다, 상황이 안 좋을 때도 낙담하거나 변명하거나 좌절하지 말아야 한다. 그냥 문제를 직시하면서 "좋아."라고 말하면 된다.

이건 인생을 바라보는 좋은 방법이야. 무슨 일이 생겼을 때 불평을 늘어놓을 수도 있고 역경에 맞서 경쟁을 벌일 수도 있단다. 경쟁을 선택하는 사람은 사업이든 인간관계든 인생이든 대부분 승자가 되는 경향이 있어. 그들은 해결책을 찾고 그걸 실행하느라 너무 바빠서 불평할 시간조차 없지.

살다 보면 정말 많은 장애물과 도전에 맞닥뜨리게 될 거야. 그럴 때마다 주저앉아 불평하지 말고 그 상황을 기회로 바꿔야 해. 모든 건 결국 관점에 달려 있으니까.

피해에만 연연하지 않는다면 어떤 문제도 너를 진짜로 해칠 수는 없어. 오히려 너를 더 강하고 단단한 사람으로 만들어줄 거야. 그러니 어떤 상황에서도 불평하지 말고 경쟁을 선택하자.

끊임없이 앞으로 나아가는 사람만이 진짜 원하는 인생을 얻을 수 있으니까.

아빠가

불평을 멈추고 경쟁을 시작하자.

Letter 38.
문제가 아니라
퍼즐로 여기자

소피아와 레오에게

문제는 흔히 부정적인 것, 어떤 대가를 치러서라도 피해야 할 것이라고 여기는 경우가 많단다.

하지만 문제는 오히려 흥미로운 도전이 될 수도 있어. 사실 아빠는 문제에 부딪히면 흥분하곤 해. 그걸 문제가 아닌 풀어야 할 퍼즐이라고 생각하기 때문이야.

너희 둘 다 아기였을 때는 자주 울었지. 그게 아기들이 할 수 있는 유일한 의사 표현이니까. 하지만 아빠는 짜증을 내거나 화내는 대신 엄마에게 이렇게 말하곤 했단다.

"아기가 우는 이유는 보통 세 가지야. 배가 고프거나, 졸리거나, 기저귀가 젖었거나."

그러면 아기의 울음이 갑자기 문제에서 퍼즐로 바뀌고, 이 세 가지 잠재적 원인을 하나씩 확인하다 보면 해결할 수 있게 되더구나. 이런 접근 방식 덕분에 신생아를 돌보는 일이 수월해졌지.

내가 이런 프레임워크를 사용한 건 그때가 처음이 아니야.

사업을 하다 보면 매일 문제가 발생하기 때문에 사람들은 쉽게 좌절하면서 감정적 통제력을 잃기도 하지. 자기가 통제할 수 없는 무언가가 계획을 망쳤다는 기분이 들기 때문이란다.

동료의 실수 때문일 수도 있고 경쟁자가 내린 결정 때문일 수도 있어. 일을 실행하는 방법과 관련해 사업 파트너나 공급업체의 생각이 달랐을 수도 있고.

원인이야 어찌 됐든 당면한 상황을 부정적으로만 바라보면 마음이 조급해지고 답을 찾기 어려워진단다. 이럴 때야말로 퍼즐을 풀 듯 창의적으로 접근해야 해.

몇 년 전 뉴욕에서 우리 사업체 중 하나가 쓸 사무실을 빌리려고 한 적이 있어. 건물주는 그 사무실을 우리에게 임대할지 아니면 다른 회사에 임대할지 고민하고 있었어. 서류상으로는 다른 회사가 훨씬 유리했지. 그곳은 사업을 시작한 지 오래되었고, 대차대조표상

현금도 우리 회사보다 훨씬 많은 데다 뉴욕 전체에서 좋은 평판을 쌓은 유명한 회사였거든.

하지만 아빠가 어떤 사람인지 알잖아. 상황이 아무리 불리해도 나를 막을 수는 없어. 이런 때일수록 경쟁을 벌이고 싶은 열정이 샘솟거든.

그래서 퍼즐을 푸는 것처럼 상황에 접근했단다. 이 잠재적인 문제를 내가 풀 수 있는 퍼즐로 바꾸려면 어떤 조치를 취해야 할까?

건물주 회사의 의사 결정권자가 누구인지 알고 있었기 때문에 내 인맥을 샅샅이 뒤져서 공통의 지인을 찾았어. 다행히 연결고리가 될 만한 사람들이 여럿 있었지. 그들에게 일일이 연락해서 부동산 의사 결정권자에게 우리 회사를 보증하는 편지를 보내달라고 부탁했어. 앞서 이야기했던 조언 기억나니? "구하지 않으면 얻지 못한다."라는 말 말이야.

편지는 한두 통에서 끝나지 않았어. 그 의사 결정권자는 아마 편지를 15~20통쯤 받았을 거야. 이렇게 많은 사람이 연락해오니까 무시하기 어려웠겠지. 결국 그 건물주는 우리 회사가 그 공간에 적합한 세입자라는 걸 받아들이게 되었단다.

상황에 접근하는 관점과 방식을 달리한 덕분에 진전을 이룰 수 있었지. 문제를 퍼즐로 바라보고 하나씩 조각을 맞춰갔기에 얻을 수 있었던 결과야.

앞으로도 수많은 문제가 너희 앞에 놓일 테지만 그건 모두 풀어야 할 퍼즐일 뿐이야. 하나씩 하나씩 차분히 조각을 맞춰가다 보면 어떤 어려움도 극복할 수 있을 거란다.

사는 동안 그리고 경력을 쌓아가는 동안 이 사실을 기억하렴. 그러면 마주치는 모든 '문제'에 대비할 수 있을 거야.

아빠가

세상이 더 나아질 거라고 생각하면서
그렇게 되도록 노력할 수도 있다.
반면 세상이 망할 거라고 여기면서
내내 불평만 늘어놓을 수도 있다.

Letter 39.
언제나 남의 상황이
더 나아 보이는 법이다

소피아와 레오에게

사람들은 대부분 자기가 처한 상황보다 다른 사람의 상황이 낫다고 생각하곤 해.

하지만 세상 누구도 예외 없이 각자의 역경을 겪으며 살아가고 있지. 모두가 나름의 꿈과 목표를 품고 있지만 그게 모두 실현되는 것은 아니란다. 어떤 사람은 빈곤한 환경에서 태어나고 어떤 사람은 건강이 나빠서 끔찍한 고통을 겪어. 또 살면서 내린 결정 때문에 좋지 못한 상황에 처한 이들도 많고.

지금 어려움을 겪고 있든 아니면 잘 지내고 있든 상관없이 누구나 문제를 안고 있는 건 사실이야. 사람은 모두 각자 자기만의 빛과 그림자가 있는 법이니까.

철학자 소크라테스는 이렇게 말했단다.

"우리의 모든 불행을 한곳에 쌓아놓고 똑같이 나눠 가지라고 하면 대부분의 사람은 자기 몫의 불행만 갖고 자리를 뜨려 할 것이다."

정말 딱 맞는 말이야.

신문 칼럼니스트인 레지나 브렛Regina Brett도 이 말을 응용해 비슷하게 정리했지.

"각자 자신의 문제를 차곡차곡 쌓아놓은 상태에서 다른 이들의 문제를 본다면, 우리는 기꺼이 자기 문제를 다시 가져가려고 할 것이다."

아빠도 이것이 사실이라는 걸 살면서 여러 번 확인했단다.

예전에 왼손 수술을 받아야 해서 노스캐롤라이나주 더럼에 있는 퇴역군인 전문 병원에 간 적이 있어. 8~10주간 깁스를 한 채 살아야 한다더구나. 그 사실에 짜증이 나서 중얼중얼 불평하며 병원 복도를 걷고 있었어.

그때 문득 다른 환자들이 눈에 들어오기 시작했지. 전투 중 팔이나 다리를 잃은 사람들이 대부분이었어. 그 순간 깨달았단다. 내 작은 부상은 그들에 비하면 정말 사소한 문제였다는 걸.

그리고 내가 얼마나 운이 좋은지 생각하게 되었지. 난 세계에서 가장 번영하는 나라인 미국에 살고 있어. 다음 끼니를 어떻게 해결할지 걱정할 필요가 없고 깨끗한 물과 따뜻한 집이 있단다. 겨울철 난방 같은 걸 걱정할 일도 전혀 없고. 게다가 사랑하는 가족과 멋진 친구들이 있고 내 앞에는 무한한 경제적, 사회적 가능성도 기다리고 있지.

내가 겪을 수 있는 사소한 문제들은 전 세계 수십억 명의 사람들이 직면한 심각한 문제에 비하면 대수롭지 않은 것이었어.

이런 통찰을 얻은 후 아빠는 자신의 문제를 눈앞에 쌓아놓고 이성적으로 바라보는 습관을 들였어. 물론 그런다고 해서 문제가 당장 해결되지는 않을 거야. 또 내 문제와 다른 사람의 문제를 맞바꿀 경우 더 안 좋은 처지에 놓이게 될 가능성도 있지.

하지만 관점을 바꾸면, 자신의 문제를 오히려 하나의 축복처럼 바라볼 수 있게 된단다. 그리고 그것이야말로 삶을 살아가는 올바른 태도임을 기억하자.

아빠가

낙관주의자에게 역경은
커다란 기회에 불과하다.

Letter 40.
계획이 틀어졌을 때
진짜 실력이 발휘된다

소피아와 레오에게

인생은 우리가 세운 계획대로 흘러가지 않는 경우가 훨씬 많단다. 아빠는 대학 시절 미식축구를 하면서 이 교훈을 온몸으로 배웠어. 연습할 때 코치들은 모든 플레이가 터치다운으로 이어지도록 가르쳤단다. 모든 수비수를 고려한 전략을 세우고, 경기 중 어떤 상황이 벌어져도 대처할 수 있도록 준비했지. 말 그대로 하나하나의 플레이가 터치다운을 목표로 짜여 있었던 거야.

그리고 시합 당일이 되었어.

우리는 상대 팀에 맞서서 대열을 이루고 준비한 플레이를 하나씩 실행했어. 하지만 대부분의 플레이는 터치다운으로 연결되지 않았지. 뭔가가 잘못된 거야. 상대 팀의 예상치 못한 대응 때문일 수도 있고, 팀원 중 한 명이 자기 역할을 제대로 하지 못했기 때문일 수도 있어. 아니면 코치가 잘못된 플레이를 지시한 것일 수도 있고.

이유가 무엇이었든 간에, 연습할 때는 터치다운으로 마무리되던 플레이들이 실제 경기에서는 그만큼 잘 풀리지 않았단다.

인생도 이와 매우 비슷하지.

원하는 계획을 세울 수는 있지만 계획에 아무리 많은 시간을 투자하더라도 현실은 계획과 다를 수밖에 없단다.

목표를 달성할 수 없다는 이야기가 아니야. 계획한 대로만 되지는 않는다는 말이지.

사실 인생 목표를 달성하는 사람들은 계획을 추진하는 과정에서 나타나는 장애물을 어떻게 넘어설지 아는 사람들이야. 장애물을 만나본 적이 없는 사람은 결코 성공할 수 없어.

모든 플레이마다 터치다운을 기록하지 못해도 경기에서 이길 수 있지. 그처럼 회복력이 좋고 수완이 뛰어난 사람은 인생에서도 성공할 방법을 찾을 수 있단다. 다시 말하지만 살다 보면 늘 장애물이 나타나게 돼. 이 사실을 빨리 깨달은 사람일수록 놀라거나 좌절하지 않고 잘 헤쳐나갈 수 있을 거야.

아빠는 유명한 권투 선수 마이크 타이슨Mike Tyson이 한 말을 무척 좋아한단다.

"모두가 계획을 갖고 있다. 얼굴에 펀치를 얻어맞기 전까지는."

정말 맞는 말이야.

계획은 누구나 세울 수 있어. 하지만 그 계획이 어긋나거나 무너졌을 때, 다시 일어설 수 있는 힘을 가진 사람만이 진정한 승자가 된단다.

어떤 상황에서도 포기하지 않고 끝까지 걸어가는 사람이 되렴.

아빠가

진정한 혁신가는
어떤 환경에도 적응할 수 있다.

Letter 41.
어린 시절을
핑곗거리로 이용하지 마라

소피아와 레오에게

요즘에는 사람들이 자신의 어린 시절을 이용해서 인생 문제를 설명하는 게 유행이 되었어. 트라우마, 불안, PTSD 같은 단어를 예전보다 훨씬 더 흔하게 쓰는 걸 보면 알 수 있단다.

예를 들면 이런 식이야. "코치의 비판 때문에 PTSD가 생겨서 골을 넣을 수 없었다." 이처럼 많은 사람이 어린 시절을 핑계 삼아 나쁜 행동이나 형편없는 결과를 정당화하려 해.

"어린 시절을 끌로 여기지 않고 목발처럼 사용하는 건 쉽고 편한 일이다."

활 사냥꾼 캐머런 헤인스Cameron Haines가 《인내Endure》라는 책에서 한 말이란다. 아주 인상 깊었고 가장 적확한 표현이라고 생각해.

물론 어린 시절에 정말로 끔찍한 경험을 한 사람들도 있어. 하지만 아빠가 만나본 대부분의 사람은 실제로 그런 경험을 하지 않았단다. 그저 이런 관점을 자기 합리화의 수단으로 삼으려 핑계를 댔을 뿐이야. 이건 전형적인 피해자 의식이지.

살면서 마주치는 다양한 상황이 미래의 네 모습을 형성하는 법이야. 그러면서 경험을 쌓게 되지. 자기가 좋아하는 것과 싫어하는 것이 무엇인지 깨닫고 다양한 상황에서 어떻게 행동해야 하는지도 알게 돼.

아빠도 어릴 때는 마음에 들지 않는 것들이 참 많았단다. 내 이름이 너무 딱딱하고 구식인 것 같아서 다른 사람들에게 '앤서니'가 아닌 'AJ'라고 불러달라고 했어. 아빠 형제가 네 명이나 되는 탓에 온 가족이 함께 비행기를 타고 이국적인 휴가를 즐길 여유가 없었던 것도 불만이었지. 가장 서운했던 건 부모님이 우리 형제들에게 용돈 한 푼 주지 않았다는 점이야. 그래서 영화를 보러 가거나 돈이 필요할 때는 남의 집 잔디를 깎거나 눈 쌓인 차도를 치우고 용돈을 벌어야 했어.

물론 지금 와서 생각해보면 이 모든 것이 감사할 뿐이야. 덕분에 지금의 내가 될 수 있었으니까. 지금은 '앤서니'라는 이름을 당당하게 쓰고 있고, 사람들이 '앤서니'로 불러주는 게 좋아. 세계 곳곳을 여행하면서 즐기고, 사업과 투자로 경력을 쌓은 덕분에 누구에게도 의지할 필요가 없지.

  돌이켜보면 내 어린 시절은 정말 놀라웠어. 진정한 성장의 발판이나 마찬가지야.

  과거를 돌아보면서 핑곗거리를 찾지 말아라. 지금 너희가 가진 힘은 과거의 모든 경험이 만들어낸 거야. 그걸 부끄러워하지 말고 유리하게 활용하렴.

아빠가

인생은 장애물과 시험의 연속이다.
회복력, 끈기, 낙관주의를 익힌 사람만이
우위를 점할 수 있다.

Letter 42.

단순하게 말하는 사람이 '진짜'다

소피아와 레오에게

세상에는 자신이 무슨 말을 하는지도 모른 채 말하는 사람들이 참 많단다.

이런 사람들은 똑똑해 보이기 위해 몇 가지 속임수를 쓰곤 해. 어려운 단어를 잔뜩 늘어놓거나, 복잡한 이론을 끌어와서 자기 생각을 괜히 어렵게 포장하지. 그런 말도 안 되는 소리에 휘둘려선 안 돼. 무의미한 소음은 현명하게 걸러내고 말도 안 되는 이야기에 속지 않도록 언제나 경계해야 한단다.

뭔가를 제대로 알고 있는 사람은 그걸 단순하고 간결하게 설명할 수 있어야 해.

아빠는 비트코인과 암호화폐에 대해 처음 알게 되었을 때 이런 교훈을 얻었어. 당시 이 새로운 기술에 관해 글을 쓰거나 이야기하는 사람들이 수백 명이나 있었는데 대부분 어려운 단어를 써서 내가 잘 모르는 미묘한 개념을 설명했어.

나는 그들이 대단해 보였고 그들에게 깊은 인상을 받아서 많은 걸 배우고 싶었지. 책을 많이 읽고 여러 사람과 이야기를 나누다 보면 언젠가 그들처럼 될 수 있을지도 모른다고 생각했어.

하지만 시간이 지나면서 내 생각이 틀렸다는 걸 깨달았단다.

그 사람들은 자기가 무슨 말을 하는지 제대로 알지 못했어. 지식이 부족하니까 겉으로 똑똑해 보이려는 전략을 썼던 것뿐이었지. 만일 누군가 날카로운 질문을 계속해서 던졌다면 그들의 얄팍한 지식 수준은 금방 드러났을 거야.

다행히 아빠는 한 사람에게 수백 가지 질문을 던질 수 있는 팟캐스트를 진행하고 있었단다. 예전에는 정말 똑똑해 보였던 사람이었는데, 막상 인터뷰를 하면서 깊은 대화를 나눠보니 그렇지 않은 경우가 많더구나. 표면만 번지르르할 뿐 정작 그 안에는 단단한 지식이나 깊은 이해가 없는 사람이 많았어.

이런 경험 덕분에 어려운 단어를 남발하거나 쓸데없이 복잡한 설명을 하는 사람을 조심하게 되었지. 보통 사람이라면 이런 사기꾼에게 속을 수도 있을 테지. 하지만 아빠는 달랐어. 그런 식의 태도가 스스로도 무슨 말을 하는지 모르면서 애써 포장하는 명확한 신호라는 걸 알고 있었거든.

너희도 이 교훈을 명심했으면 좋겠구나.

이건 담보 대출, 스포츠, 리더십, 배관 등 모든 분야에 적용되는 이야기야. 모호한 표현이나 불필요하게 복잡한 설명으로 실체를 가리려는 사람은 대개 자기가 무슨 말을 하는지 모르는 경우가 많단다. 그저 상대방을 속이려고 애를 쓸 뿐이지.

단순하고 간결한 언어로 소통하는 법을 배워야 해. 일을 복잡하게 만들지 말고 거창한 표현과 복잡한 설명은 피하도록 하자.

진짜 전문가는 쉽고 단순하게 말해. 그만큼 최고의 경지에 올랐단 뜻이지.

깊은 지식을 쉽고 단순하게 설명하려면 근면함과 인내심이 필요하단다. 자기 안에서 깊이 무르익어야 쉬운 언어로 정리되어 나올 수 있거든.

자신의 지식을 발휘해 남들에게 깊은 인상을 주고 싶은 유혹은 항상 들 거야. 하지만 진짜 실력자는 오히려 간결하고 단순하게 요점만 전달한다는 점을 기억하렴. 사실은 그게 훨씬 더 어렵지.

프랑스 수학자이자 철학자인 블레즈 파스칼Blaise Pascal은 "평소보다 편지가 길어진 이유는 더 짧게 줄일 시간이 없어서입니다."라고 말했단다.

    열심히 노력해서 글과 말을 간결하게 줄이고 기본적인 단어를 사용하도록 하자. 그리고 자기가 무슨 말을 하는지 알고 있다는 사실을 모든 사람에게 증명하는 게 좋아.

아빠가

똑똑한 사람은
쉽고 단순한 언어를 사용한다.

Letter 43.
침착함이 곧 유연함이고 유연함이 곧 신속함이다

소피아와 레오에게

우리는 즉각적인 만족을 얻도록 최적화된 세상에 살고 있어.

주머니 속 슈퍼컴퓨터의 버튼을 몇 개만 누르면 원하는 건 거의 뭐든지 얻을 수 있지. 누구와도 쉽게 연결되고, 몇 초 안에 정보가 표시되고, 몇 분 안에 음식이 배달되며, 몇 시간 안에 아마존에서 주문한 택배가 도착할 거야.

하지만 정말 조심해야 해. 빠른 속도가 항상 최고의 결과를 안겨주는 건 아니거든.

아빠는 살면서 이 교훈을 마음에 새길 기회가 두 번이나 있었단다. 한 번은 군대에서, 다른 한 번은 처음으로 자산 관리 회사를 설립했을 때지.

특히 군대에서 배운 교훈은 생사가 걸린 문제였기 때문에 더 선명하게 가슴에 새겨졌단다. 전투를 준비하면서 교관들은 건물에 들어가 적을 수색하는 방법을 하루에도 몇 시간씩 가르쳤어. 우리는 거듭되는 훈련을 견뎌냈지. 몇 분간의 행동을 위해 수없이 많은 시간을 준비한 거란다.

건물 밖에 줄지어 서 있다가 누군가 문을 열면 한 명씩 건물 안으로 들어가 수색을 시작해야 했어. 이때 본능이 이끄는 대로 행동한다면 최대한 빨리 건물로 들어가서 얼른 적이 있는 방으로 달려가고 싶을 거야. 빨리 도착할수록 적을 빨리 처리할 수 있을 테니까. 하지만 그래선 안 돼. 빠르게 움직이는 건 오히려 끔찍한 결과를 가져올 수 있어. 왜 그런지 설명해줄게.

건물에 들어갔을 때 문제가 발생할 수 있는 경우가 몇 가지 있어. 예를 들어 네가 건물 안으로 들어갔다고 해보자. 건물 안에 숨어 있던 적과 마주칠 수도 있고 폭탄과 연결된 선을 실수로 밟아서 작동시킬 수도 있어. 또 혼란스럽고 불확실한 상황에서 팀원들이 혼란에 빠지면 그들이 실수로 널 쏠 수도 있지. 그러니 어떤 상황에서든 건물 안으로 빨리 뛰어드는 건 현명하지 않단다.

그래서 군대에서는 군인들이 "침착함이 곧 유연함이고 유연함이 곧 신속함이다."라는 주문을 머릿속에 단단히 새기도록 훈련시키는 거야.

이건 속도를 최우선시하는 게 아니라 팀워크와 정확성을 최우선으로 하는 사고방식이야.

이 기술을 몇 주간 연습한 우리 팀은 조용히 건물에 들어가 각 방을 체계적으로 수색했어. 말 없이도 서로 소통할 수 있었고 호흡이 척척 맞았지. 빠르게 뛰어가지 않았는데도 우리는 기민하고 효율적으로 움직였어. 그리고 적들은 끝까지 알아차리지 못했지. 이처럼 성급하게 굴지 않고 유연함을 발휘해야 안전하게 임무를 완수할 가능성이 커진단다.

이 교훈은 이후에도 내 인생을 여러 번 구해줬어. 내가 처음으로 모건 크릭 디지털Morgan Creek Digital이라는 자산 관리 회사를 설립했을 때 이 교훈은 다시 힘을 발휘했지.

우리 팀은 새로운 투자 펀드를 위한 자금을 모으던 중이었어. 관심이 있을 만한 투자자와 이야기를 나누려고 일주일에도 몇 번씩 비행기를 타고 미국 전역을 돌아다녔단다. 실제로 2019년에는 비행기를 120번 가까이 탔더라고.

왜 이렇게 비행기를 많이 탔을까? 자금을 모으는 일이 순조롭게 진행되지 않았기 때문이야. 다들 말로는 우리가 하는 일에 관심이 있다고 했지만 수표를 쓸 의향이 있는 투자자는 거의 없었어.

하지만 아빠는 조급해하지 않았단다. "침착함이 곧 유연함이고 유연함이 곧 신속함이다."라는 구호를 떠올렸어.

우리가 만난 모두에게서 승낙을 받을 필요는 없었지. 소수의 적임자들만 투자에 응해주면 되는 거였어.

우리는 거절을 두려워하지 않고 장기간에 걸쳐 조금씩 전략을 보완해나갔단다. 신중하게 실행할 수 있는 강력하고 새로운 전략을 말이야. 하룻밤 새에 성공할 수 있는 전략은 아니었지만, 그 과정에 집중하다 보면 결국 성공하게 될 거라 믿었어.

그리고 실제로 그렇게 되었지.

많은 투자자에게 거절당하긴 했지만 결국 3년 만에 1억 4,000만 달러의 자금을 조달했단다. 빠르게 이루어진 성과는 아니지만 끈질기게 전략을 실행한 것이 효과를 발휘했지.

투자자들과의 만남이 거듭될수록 우리가 홍보하는 방식도 좋아지고 팀은 더욱 단결되었어. 우리 투자 포트폴리오에서 투자 수익이 발생하기 시작했고, 그런 식으로 천천히 매력적인 프로세스를 구축해나갔지.

그러다가 문득 정신을 차려보니 어느새 상당한 자금이 모여 있더구나. 외부인이 보기에는 빠르게 결실을 거둔 것처럼 보였겠지만, 사실 내부적으로는 매우 완만하게 진행된 작업이었어. 우리는 통제할 수 있는 것에 집중했고, 너무 서두르다가 망하는 걸 피하려고 애썼지.

군대든 사업이든 마찬가지야. 때로는 속도를 줄여야 더 빨리 갈 수 있는 법이란다. 빨리 나아가는 것에만 집착하지 않도록 하렴.

침착함이 곧 유연함이고 유연함이 곧 신속함이라는 걸 절대 잊지 말아라.

아빠가

단순히 움직이는 것과
진짜 진전을 혼동하지 마라.

Letter 44.

바보와 논쟁하며 시간을 낭비하지 말자

소피아와 레오에게

몇 년 전에 잊을 수 없는 말을 들었단다.

"바보와는 논쟁하지 마세요. 멀리서 보면 누가 누군지 구분이 안 되니까요."

살면서 이 말이 사실이라는 걸 깨닫게 되었어.

이런 현상이 일어나는 걸 가장 쉽게 볼 수 있는 곳이 어디일까? 바로 인터넷이야. 다양한 웹사이트에 서로 다른 배경과 관점, 사고방식을 지닌 수백만 명의 사람들이 모이지.

대부분은 배우고자 하는 사람들이지만, 가끔 더없이 바보 같고 어처구니없는 사람을 만나기도 한단다. 이런 사람들은 배우려는 마음도, 건설적인 대화를 나누려는 생각도 없어. 그저 다른 사람을 괴롭히고 혼란을 일으키는 데 집중할 뿐이야. 그들의 목표는 디지털 세계를 파괴하고 혼란을 일으키는 거지.

그러니까 그런 사람들과 절대 논쟁하지 말아라.

너희가 무슨 말을 해도 그들의 생각을 바꿀 수는 없어. 그러니 그들을 설득하겠다고 열을 올리는 건 시간 낭비일 뿐이야. 무엇보다 외부에서 보면 논쟁하는 두 사람 중 누가 바보인지 알 길이 없단다. 결국 승자가 없는 게임일 뿐이야.

마크 트웨인도 이와 관련해 훌륭한 명언을 남겼어.

"어리석은 사람과는 절대 논쟁을 벌이면 안 된다. 그들은 당신을 자기와 같은 수준으로 끌어내린 다음 경험을 이용해서 당신을 이길 것이다."

논쟁에서 지는 것도 억울한데, 바보에게 지는 건 더 억울하지.

내 경험에 따르면 지적이고 온화한 사람들은 인터넷에서 논쟁하는 데 시간을 낭비하지 않아. 그들은 가치 있는 것을 배우거나 무언가를 만들어내느라 너무 바쁘거든.

똑똑한 이들과 만날 확률은 높이고 바보와 만날 확률은 줄여야 해. 가장 좋은 방법은 인터넷에서 벌어지는 논쟁을 피하는 거야.

NBA 스타 르브론 제임스LeBron James를 예로 들어볼게. 그는 20년 가까이 스킵 베이리스Skip Bayless라는 유명 스포츠 해설자에게 비판을 받아왔지만 대응하지 않았어. 단 한 번도. 그 덕분에 불필요한 논란에 휘말리지 않았지.

너희도 항상 그렇게 하렴.

바보와는 절대 논쟁하지 마.

아빠가

인터넷에서 낯선 사람과
논쟁하는 건 시간 낭비다.

Letter 45.

사실이 바뀌면 생각도 바꿔라

소피아와 레오에게

마음을 바꾸는 일에 너무 고집을 부릴 필요는 없어.

사람은 새로운 정보를 받아들이고 자신만의 확고한 관점을 형성하는 데 아주 능숙하지. 하지만 세상은 멈춰 있는 곳이 아니란다. 모든 것은 끊임없이 변하고 정보 역시 계속 바뀌지. 상황이 달라지면 너희도 기꺼이 생각을 바꿀 줄 알아야 해.

2020년 초, 너희 엄마와 나는 뉴욕에 살고 있었어.

우리는 그곳을 좋아했지. 세상에서 가장 훌륭한 그 도시를 떠나고 싶은 마음이 전혀 없었어. 팬데믹이 발생해서 뉴욕시가 봉쇄되고 지방 정부가 권한을 남용하기 전까지는 말이야.

어쨌든 상황이 바뀐 탓에 우리 생각도 바뀌었단다. 너희 엄마와 나는 아름다운 도시 마이애미로 이사했어. 마이애미는 날씨가 좋은 데다 세율도 낮았어. 그래서 당시 똑똑하고 부지런한 기업가들이 그 도시로 많이 몰려들었지. 천국 같은 곳이라 느껴졌단다.

하지만 2년 반이 지나자 뭔가 이상하다는 걸 느끼기 시작했어. 마이애미는 뉴욕만큼 빠르고 역동적인 에너지가 느껴지지 않았거든. 매일 아침 맨해튼 거리를 걸으며 온몸으로 느끼던 활력과 생기가 그리워졌지. 우리는 뉴욕을 그리워하고 있었던 거야. 몇몇 친구에게 이 이야기를 하자 다들 우리더러 미쳤다고 하더구나.

그들은 화창한 날씨와 낮은 세금, 한창 성장 중인 마이애미의 기술 생태계 등 우리가 뉴욕으로 돌아가면 안 되는 이유를 이야기했어. 친구들 말이 옳았을 수도 있고 아닐 수도 있겠지. 우리나 그들이나 미래를 모르는 건 마찬가지였으니까. 중요한 건 우리 마음이었어.

그 무렵 뉴욕시의 방침도 완전히 바뀌어 있었고, 우리도 그 사실을 알고 있었단다. 뉴욕은 봉쇄를 풀었고 부당한 규제도 사라졌지. 도시가 예전의 활력과 생기를 되찾은 거야. 공중 보건 위기도 사라졌어. 상황이 바뀌었으니 우리도 생각을 바꿨지.

당시 레오를 임신 중이었던 너희 엄마와 나는 다시 뉴욕으로 돌아왔어. 물론 이사한 지 얼마 안 된 집을 팔고 짐을 다시 꾸리는 건 부담스러운 일이었어. 이사와 관련해 가족과 친구들의 질문에 답하는 것도 성가셨고. 마이애미를 떠나기로 결정한 뒤 회사 전체를 재정비하는 것도 어려웠어.

하지만 뉴욕에 돌아와 놀이터에서 노는 소피아의 얼굴에 떠오른 미소를 보자 우리가 올바른 선택을 했다는 것이 분명해졌단다. 그 모든 번거로움과 힘겨움은 그만한 가치가 있었어.

이사를 두 번이나 하면서 얻은 가장 중요한 교훈이 뭔 줄 아니? 상황이 바뀌면 우리도 유연하게 생각을 바꿀 수 있어야 한다는 거야. 다른 사람들이 뭐라고 할지 걱정할 필요는 없어. 너희가 스스로 올바르다고 믿는 길을 선택하면 된단다.

사는 동안 많은 게 바뀔 거야. 살아가는 환경도, 주변에 있는 사람들도, 소비하는 정보도, 환경도, 관계도, 꿈과 목표도. 그대로 멈춰 있는 건 없을 거란다. 그러니 과거의 결정에 얽매일 필요 없어. 새로운 정보와 상황을 받아들이면서 스스로를 조정할 수 있는 유연함을 갖도록 하렴.

필요할 때 생각을 바꿀 수 있는 사람, 그런 사람이 진짜 지혜로운 사람이야.

아빠가

필요하다면 생각을 바꿀 수 있을 만큼
지적으로 겸손한 사람과 어울리자.

Letter 46.

비합리적인 사람과 합리적으로 지내는 건 어렵다

소피아와 레오에게

사람들과 소통하는 능력에 따라 너희 인생은 크게 달라질 거야. 선생님과의 대화부터 새로운 친구를 사귀거나 중요한 사업상 거래를 협상하는 일에 이르기까지 우리가 하는 일들은 대부분 효과적인 소통을 기반으로 하거든.

한마디로 소통은 인생에서 가장 중요한 기술 중 하나야.

하지만 상황이 미묘하게 다를 때도 있다는 걸 알려주고 싶어. 드문 경우이긴 하지만 때로는 소통을 거부하는 것이 오히려 최선의 소통일 때도 있단다.

내가 겪었던 일을 예로 들어 설명해볼게.

아빠는 젊을 때 10년 정도 알고 지냈던 친구 세 명과 함께 사업을 시작했어. 우리는 친했고 함께 사업을 시작하는 게 최고의 계획처럼 보였지. 좋아하는 친구들과 함께 시간을 보내면서 동시에 돈도 벌 수 있으니까 말이야. 말 그대로 윈윈 같았어.

하지만 곧 문제점이 드러나기 시작했단다.

우리가 성공에 대해 갖고 있는 기대치가 완전히 다르다는 걸 알게 된 거야. 내 친구들은 기업가가 된다는 생각에 기뻐했지만 그게 무엇을 의미하는지는 잘 모르고 있더구나. 나는 하루에 열두 시간씩 열심히 일했지만 친구들은 그렇게 하지 않았어. 노력의 차이가 점점 커지면서 나는 슬며시 짜증이 났고, 의견도 점점 맞지 않으면서 갈등도 깊어졌지.

나는 성공을 위해 무엇이든 할 준비가 되어 있었지만, 친구들은 모두가 즐겁게 지내는 것에 더 관심이 있었던 거야. 갈수록 실망이 커졌고 상황은 점점 악화되기만 했어.

의견 차이가 심해질수록 좌절감도 커졌단다. 나쁜 상황은 갈수록 악화되기만 했지. 당시 겨우 스물세 살이었던 아빠는 경험도 많지 않았고 뭘 어떻게 해야 할지 알 수 없었단다.

그래서 너희 할아버지에게 전화를 했어.

내 이야기를 다 들은 할아버지는 이렇게 말씀하셨어.

"그 친구들을 최대한 멀리해야 한다."

난 그 말에 충격을 받았어. 아버지는 내 친구들을 잘 알고 있었어. 어릴 때 우리 집에 자주 놀러 왔거든. 아버지는 늘 내 친구들이 어떻게 지내는지 물어볼 정도로 그들을 아꼈고, 진심으로 그들이 성공하길 바라셨지.

그런데 왜 친구들을 멀리하라고 하신 걸까?

할아버지는 "비합리적인 사람을 합리적으로 대하는 건 힘들단다."라고 설명하셨단다.

사실 처음부터 아빠와 친구들 사이에는 이루고 싶은 것과 그걸 이루는 방법에 대한 근본적인 차이가 있었어. 할아버지는 그 점도 다 간파하고 계셨지.

나는 논리와 노력으로 사업을 키우려 했지만, 친구들은 새로 얻은 자유로운 생활을 즐기는 데 더 집중했어. 누군가를 설득한다는 건 정말 어려운 일이야. 대개 설득하려고 할수록 상대방은 완강히 버티면서 자기 관점을 더 고집하게 마련이거든. 외부에서 보면 이렇게 밀어붙이는 게 엄청나게 고집스럽고 갈수록 비합리적인 행동처럼 보일 거야.

할아버지의 말은 친구들을 버리라는 뜻이 아니었어. 당연히 그들이 실패하기를 바라는 것도 아니었지. 그저 양쪽 모두 서로를 비이 성적이라고 여기는 상황에서는 더 이상 합리적인 해결책이 존재하지 않는다는 걸 알려주고 싶었던 거야. 그 친구들과 함께하면서 몇 주, 몇 달, 몇 년의 시간을 허비하기보다는 새로운 길을 찾아 나서는 게 낫다는 뜻이었지.

지금 돌이켜보면 정말 현명한 조언이었단다. 당시 우리 네 사람은 앞으로 나아갈 최선의 방법에 대해 합의할 생각이 전혀 없었거든. 다행히 할아버지의 조언 덕분에 해결의 실마리를 찾을 수 있었단다.

비합리적인 사람과 합리적으로 지내는 건 불가능해. 앞으로 살아가면서 다양한 사람들을 만나게 될 거야. 상대가 합리적인 사람이라면 시간과 노력을 들여서라도 공통점을 찾으려고 노력해야 하지만 비합리적인 사람이라면 자연스럽게 거리를 두는 게 좋아.

그게 인생을 현명하게 살아가는 방법이란다.

아빠가

서로 접점을 찾을 수 없다면
헤어질 결심도 필요하다.

Letter 47.
모든 논쟁에서
이길 필요는 없다

소피아와 레오에게

살다 보면 친구, 동료, 연인 등과 의견이 일치하지 않는 일이 종종 생긴단다. 누군가와 오랜 시간을 보내다 보면 결국 논쟁이 벌어지게 마련이지. 하지만 모든 논쟁에서 이길 필요는 없어.

사실 의도적으로 상대방이 이기게 해주는 편이 더 나을 때도 있단다. 어릴 때는 이걸 이해하지 못해서 사람들과 몇 시간씩 논쟁을 벌이곤 했어. 아무것도 나를 막을 수 없었고 문제를 해결하는 것보다 논쟁에서 이기는 데 집착했지.

결국 나는 이기고 상대방은 졌단다. 내 목표는 언제나 이기는 것이었어. 하지만 가까운 사람과의 관계에서 이런 태도를 보이는 건 매우 미숙한 행동이라는 걸 나중에야 깨달았단다. 인생은 제로섬 게임이 아니야. 두 사람 모두 이기는 방법도 있으니까.

대부분의 논쟁은 서로의 관점이나 목표가 달라서 생기지. 이런 상황에 처하면 스스로에게 물어보도록 하자. '이 논쟁이 정말 그렇게 중요한가?'

대부분의 경우 그렇지 않을 거야. 논쟁이 중요하지 않다는 걸 깨달았다면, 해결책에 가까이 다가갈 수 있는 간단한 방법이 있어. 상대방에게 체면을 잃지 않고도 의견 대립 상태에서 벗어날 수 있는 방법을 제시하는 거야.

상대방 입장을 이해한다고 말하고 그의 관점에 공감한다고 표현해줘. 상대를 존중하면서 그의 자존심을 지켜줘야 해. 절대 상대를 당황하게 만들어서는 안 돼.

논쟁을 벌일 수는 있지만 매번 이길 필요는 없다는 걸 기억하자. 정말 중요한 논쟁에 대비해서 에너지를 아껴두렴. 그 외의 것들은 네가 추구하는 행복한 삶을 방해할 뿐이야.

아빠가

정말 지적인 사람은 다른 사람과
자신의 의견이 다를 수 있음을 받아들인다.
그리고 다름을 공격하거나 질책하지 않는다.

Letter 48.
비교하는 순간,
지옥문이 열린다

소피아와 레오에게

누구나 행복해지기를 원하지만, 이 신화적인 목표를 어떻게 이룰 수 있는지 아는 사람은 많지 않단다.

사람들은 행복을 얻는 방법을 고민할 때 주변 사람들을 둘러보게 되지. 이건 자연스러운 일이야.

저 사람들은 어떤 차를 탈까? 어떤 집에 살까? 얼마나 많은 돈을 벌까? 여가 시간은 어떻게 보낼까? 결혼은 했을까? 아이는 있을까? 과연 행복할까?

이렇게 비교하는 건 인간의 본성이야. 하지만 친구나 가족, 동료들과 자신을 비교하는 건 매혹적이면서도 위험한 길이란다. 다른 사람과 자신을 비교하는 순간 우리는 불행으로 향하는 지름길에 들어서게 되거든.

사람마다 처한 상황이 다르다는 걸 기억해야 해. 나이가 같거나 같은 회사에서 일한다고 해서 똑같은 삶을 살아야 하는 건 아니야. 성장 배경도 다르고 목표도 다른 두 사람이 왜 같은 결정을 내리고 같은 삶을 살아야 하는지 이해할 수가 없단다.

아빠는 대학 때 큰 결정을 했어. 나와 함께 졸업한 학생들 대부분은 의사나 변호사, 월스트리트 금융인이 되는 게 목표였어. 하지만 아빠는 의사나 변호사가 되고 싶지 않았어. 그럼 금융인이 되는 길이 남았지.

아빠도 그 길을 고민했지만, 정장에 넥타이를 매고 매일 출근해서 관심 없는 일에 시간과 열정을 쏟고 싶지는 않았어. 무엇보다 돈만 많은 상사의 지시를 따르는 삶이 끔찍하게 느껴졌단다. 그 일이 나에게 맞지 않을 거라는 사실을 나는 알고 있었어.

그런데 문제가 있었단다. 내가 월스트리트로 가지 않으면 친구들이 나보다 훨씬 많은 돈을 벌게 된다는 사실이었지. 좋은 집을 사고, 멋진 차를 타고, 외식을 즐기고, 해외여행을 다니는 삶 말이야. 그들은 사치스럽고 풍요로운 삶을 살 텐데 난 그러지 못할 거란 생각이

들었지.

이 생각을 하다가 문득 '나도 그들 같은 미래를 누리고 싶은가?' 하는 의문이 들었어.

나는 절대 그러고 싶지 않았지.

월스트리트에서 일자리를 구하는 사람들은 대부분 돈을 중요하게 여기지만 내가 정말 원하는 건 자유였어. 누군가의 지시를 받으면서 일하고 싶지 않았어. 하루 열네 시간씩 관심 없는 일을 하고 싶지도 않았고 복장 규정을 따라야 하는 것도 싫었단다.

다행히 나는 이런 직업을 포기할 만큼 스스로를 믿을 수 있었어. 그리고 결국에는 월스트리트에서 일하던 친구들보다 훨씬 더 큰 성공을 거두었고, 더 행복한 삶을 살게 되었지.

내가 깨달은 핵심은 이거야. 다른 사람이 어떤 일을 하고 어떤 길을 가고, 얼마나 많은 부를 누리든 상관없이 내가 하고 싶은 일을 해야 한다는 것. 자유롭게 일하고 세계 어디서든 살아갈 수 있는 삶. 바로 그것이 내 목표였어.

내가 친구나 동료들과 날 비교하는 실수를 저질렀다면 그들이 하는 게임에 끼어들어서 아등바등 이기려고 했을 거야. 그리고 끝내 원치 않는 삶을 살게 되었겠지. 그런 삶은 내가 원하던 게 아니란 것도 모르는 채로.

다른 사람과 자신을 비교하는 건 불행으로 향하는 지름길이라는 걸 기억하렴. 행복해지고 싶다면 남들이 하는 게임이 아니라 네가 선택한 게임을 하고, 그 안에서 이기는 걸 목표로 삼아야 한단다.

내 친구 나발 라비칸트Naval Ravikant는 이렇게 말했어.

"진짜 지능을 테스트하는 유일한 방법은 인생에서 원하는 것을 얻었는지 여부다."

이 말을 명심하자.

아빠가

남과 비교하는 대신
스스로 세운 목표를 향해 나아가야
진짜 행복을 만날 수 있다.

Letter 49.
삶의 질을 높여주는
콘텐츠 식단

소피아와 레오에게

 몸에 좋은 음식을 먹고 꾸준히 운동하는 게 얼마나 중요한지는 다들 알고 있단다. 누구나 오래오래 건강하게 살고 싶어 하니까. 그리고 우리는 이미 알고 있지. 인풋이 아웃풋을 결정한다는 걸 말이야. 하루 종일 정크푸드를 먹고 운동을 소홀히 하면 건강이 나빠질 수밖에 없어.
 쓰레기가 들어가면 결국 쓰레기가 나올 뿐이야. 건강한 몸을 유지하고 싶다면 좋은 음식을 먹어야 하지.

너희 엄마를 처음 만났을 때 엄마가 이 아이디어를 한 단계 더 발전시키는 방법을 알려줬단다. 우리가 섭취하는 음식의 질에 집착하는 것처럼 뇌에 투입하는 정보의 질에도 집착해야 한다는 걸.

너희 엄마는 이걸 '콘텐츠 식단'이라고 불렀지. 우리가 먹는 음식이 지금의 우리를 만든 것처럼 우리가 읽고 듣는 내용이 미래의 우리를 만든다고 설명했어.

이 개념은 저질의 정보를 소비하는 것의 위험성을 강조하고 있어. 쓰레기 같은 리얼리티 TV를 많이 볼수록 그런 행동을 모방할 가능성은 커질 수밖에 없단다. 비틀어진 인간관계를 극단적으로 묘사한 소설을 많이 읽다 보면 그런 관계를 정상적인 것처럼 착각하게 되지. 또 매주 주말마다 클럽에 가는 사람들의 영상을 많이 보면 나도 모르게 클럽에 가고 싶어질 거야.

그래서 아빠는 엄마에게 내 콘텐츠 식단을 개선할 수 있게 도와달라고 부탁했어. 그랬더니 먼저 콘텐츠 감사를 실시하라고 조언해 주더구나. 내가 매일 소비하는 콘텐츠를 솔직하게 살펴보라고 했어. 내가 매일 무엇을 읽고, 무엇을 보고, 무엇을 듣는지, 그리고 누구와 어울리는지를 솔직하게 점검해보는 거야.

다행히 내 경우에는 대부분이 비즈니스 관련 콘텐츠였어. 리얼리티 TV나 게임 쇼, 가십성 콘텐츠는 없었지. 하지만 큰 결함이 하나 있었는데, 하루에도 몇 시간씩 인터넷에서 쏟아지는 단편적인 정보를 소비한다는 거였어.

그런 정보는 소셜 미디어에 올린 게시물이나 뉴스의 최신 동향을 설명하는 기사에서 얻을 수 있지. 이런 정보들은 대부분 며칠만 지나면 가치가 사라지는 것들이야. 그냥 순간순간의 자극일 뿐 오래 남는 지식은 아니었어.

우리는 내 콘텐츠 식단을 바꾸는 실험을 하기로 했단다.

아빠가 실행한 가장 큰 변화는 일주일에 한 권씩 종이책을 읽기 시작한 것이었지. 책의 주제보다는 독서 습관을 만드는 게 더 중요했어. 비즈니스, 음악, 건강, 과학, 심리학, 역사 등 주제를 가리지 않고 다양한 책을 읽었지.

그 일이 두 가지 중요한 효과를 가져왔단다. 첫째, 종이책을 읽는 동안에는 소셜 미디어 피드를 무의식적으로 스크롤하는 시간을 줄일 수 있었어. 둘째, 책은 시간이 흘러도 가치가 유지되는 콘텐츠라서 뇌에 훨씬 오래 남는 정보를 입력할 수 있었지.

처음에는 콘텐츠 식단을 변경하는 게 어려웠어. 최신 뉴스나 트렌드를 놓쳐서 세상 돌아가는 걸 모르게 될까 봐 걱정했거든. 하지만 결과는 오히려 정반대였어. 다양한 주제를 공부하면서 더 많은 정보를 얻게 된 거야. 역사를 배웠고, 다른 업계가 어떻게 돌아가는지, 과거의 거물들이 어떻게 회사를 설립했는지 이해하기 시작했어.

콘텐츠 식단을 개선한다는 단순한 아이디어가 나를 완전히 다른 길로 인도한 거야. 새로운 아이디어를 창출하고, 더 흥미로운 대화를 나누며, 더 다재다능한 사람이 될 수 있었어.

무엇보다 중요한 건 다양한 책에서 얻은 통찰력을 내 삶에 적용하기 시작했다는 거지.

양질의 정보가 들어가면 양질의 결과물이 나온단다.

이 실습을 통해 얻은 가장 큰 교훈은 사람들이 건전한 콘텐츠 식단을 이용하도록 교육하는 일에 더 많은 돈과 시간을 투자해야 한다는 거야. 사람들은 자기가 먹는 음식의 품질이 중요하다는 건 알면서도 뇌에 넣는 정보의 품질은 별로 신경 쓰지 않아.

이제 너희도 알았으니 자신이 어떤 콘텐츠를 소비하는지 늘 점검해야 해. 저질 TV 프로그램은 멀리하고, 무의미한 소셜 미디어 탐색을 자제하고, 가십 뉴스를 읽으며 허비하는 시간을 줄이자. 대신 너희 자신을 향상시킬 수 있는 책과 팟캐스트, TV 프로그램, 소셜 미디어 계정을 찾아보도록 하렴.

너희 엄마 말처럼 '자동조종장치에 맡기지 말고, 뇌에 무엇을 입력할지 스스로 선택'해야 해.

네 경력과 앞으로 만들어갈 가족, 그리고 함께 살아갈 공동체의 질이 모두 거기에 달려 있을지도 몰라.

아빠가

학습은 어렵거나 복잡하지 않다.
똑똑한 사람에게 질문을 던지고,
좋은 책을 찾아 읽고,
모르는 게 있으면 검색을 해보자.

Letter 50.
정보가
기회이자 돈이다

소피아와 레오에게

정보를 최대한 많이 모으도록 노력하렴. 정보가 세상을 움직이니까 말이야.

정보는 기회를 사는 화폐와 같아. 역사상 최고의 스포츠 도박꾼인 빌리 월터스Billy Walters는 "정보를 많이 모을수록 많은 기회를 만들 수 있다."라고 말했어.

아빠도 빌리의 의견에 전적으로 동의한단다.

사업 거래를 평가하든, 직장에서 임금 인상 협상을 하든, 오늘 밤 어떤 식당에 갈지를 고민하든 간에 이용할 수 있는 정보가 많을수록 더 나은 결정을 내릴 수 있을 거야. 그런데 놀랍게도 이 개념을 이해하는 사람이 거의 없더구나.

정보란 한 주제에 대해 깊이 알아가는 방법이야. 정보가 많을수록 선택지가 많아지고 결과도 훨씬 좋아지지. 이건 절대 어려운 과학 문제가 아니란다.

예전에 너희 엄마와 함께 뉴욕에서 아파트를 빌리려고 한 적이 있어. 건물은 정말 멋졌고 위치도 완벽했지. 또 우리가 이사하고 싶은 시기에 정확히 임대 가능한 아파트였어.

그런데 문제가 하나 있었어. 집주인이 임대료를 너무 높게 책정해놓은 것 같은 거야.

나는 가만히 앉아서 집주인에게 불평만 하는 대신 시간을 내서 그와 비슷한 아파트들의 가격을 최대한 많이 조사했어. 그리고 이 데이터를 들고 집주인을 찾아가서 그가 내놓은 가격으로는 임대가 어렵다고 논리적으로 설명했지.

집주인은 처음에는 탐탁지 않게 보더니 결국 그 데이터에 설득당했어. 진실이 그의 뇌리를 강타한 거야. 결국 우리가 원래 제안했던 가격으로 아파트를 임대할 수 있었단다.

그 상황에서 성공할 수 있는 유일한 방법은 협상 상대방보다 더 많은 정보를 모으는 것뿐이었어. 최대한 많은 정보를 갖고 있어야 했지. 물론 정확한 정보를 말이야.

또 한번은 앞서 말한 것과 반대되는 상황에 처하기도 했어. 페이스북에서 일할 때 상사 한 명이 연례 평가를 실시했지. 그는 내 실적을 검토했는데 그중에는 회사를 위해 수천만 달러 수익을 창출한 것도 포함되어 있었단다.

나는 회사에 큰 수익을 안겨주었지만 면담 결과는 겨우 연봉 5,000달러 인상에 불과했지. 20대 중반에는 5,000달러도 꽤 큰돈이라서 솔직히 그때는 연봉에 만족했어.

그런데 며칠 후에 말도 안 되는 일이 일어났지 뭐니. 동료 중 한 명이 똑같은 연례 평가에서 급여를 2만 달러나 인상받았다는 거야. 그는 꽤 지적이고 근면한 사람이었지만 나만큼 실적이 뛰어나지는 않았어.

우리 둘의 연봉 인상 액수는 왜 이렇게 차이가 났던 걸까? 그 이유는 하나야. 그는 내가 갖지 못한 것을 갖고 있었어. 그 친구는 연봉 협상에 필요한 정보를 제대로 알고 있었고, 그걸 토대로 상사에게 더 많은 인상을 요구할 수 있었지.

그 사건 이후 나는 다짐했어. 중요한 모든 상황에서 정보를 가장 많이 지닌 사람이 되겠다고 말이야. 돈이 걸려 있을 때는 물론이고, 시간이나 에너지를 아끼고 싶을 때도 마찬가지야.

지금도 상황이 어떻든 간에 가능한 한 많은 정보를 수집하려고 노력한단다. 정보가 곧 기회고, 정보가 곧 돈이니까.
　너희도 꼭 그렇게 하길 바란다.

아빠가

다양한 아이디어와 관점,
신념 체계를 접하면서
정신적인 힘을 키우자.

Letter 51.
좋은 아이디어는
기록에서 나온다

소피아와 레오에게

좋은 아이디어에는 놀라운 힘이 있으며 세상을 지배할 수도 있다는 걸 명심하렴.

물론 좋은 아이디어도 있고 나쁜 아이디어도 있지. 너희가 해야 할 일은 좋은 아이디어를 최대한 많이 찾아서 뇌에 저장하는 거야. 좋은 아이디어는 의외로 가까운 곳에 숨어 있기도 하니까 잘 찾아보렴.

중요한 질문은 그걸 어떻게 찾느냐는 거겠지.

나는 내게 잘 맞는 시스템을 만들었어. 책, 소셜 미디어, 대화, 오디오·비디오 콘텐츠, 이렇게 네 가지 영역으로 나누어 좋은 아이디어를 수집하는 거야.

책을 예로 들어볼게. 우선 종이책을 읽고 그중 가장 좋은 문장이나 중요한 부분에 강조한 표시를 하는 거지. 그리고 책을 다 읽으면 처음으로 돌아가 강조해놓은 부분을 컴퓨터에 직접 입력하면서 목록을 만들어.

그렇게 강조한 부분을 모두 입력한 다음에는 그 목록을 바탕으로 책의 핵심 아이디어와 인상 깊은 인용구, 그리고 내 생각을 정리해서 독서 노트를 작성한단다.

이 과정을 거치면 책을 최소한 네 번은 읽게 돼. 처음 읽고, 표시할 때 다시 읽고, 필사하면서 한 번 더 읽고, 마지막으로 노트를 작성하면서 또 읽게 되지. 그렇게 반복해서 읽다 보면 정말 중요한 내용이 자연스럽게 기억에 새겨진단다.

이 방법은 얼핏 보기에는 간단하고 별것 아닌 것처럼 보이지만 정말 놀라운 효과가 있어. 그런데도 사람들은 대부분 시간을 들여 이런 일을 하려고 하지 않더구나.

생각해보자. 여기서 설명한 대로 책을 읽고, 표시하고, 노트를 작성하려면 책을 한 번만 읽을 때보다 훨씬 많은 시간이 걸릴 거야. 당연히 추가적인 시간과 노력이 필요하지.

문제는 사람들 대부분이 이 추가적인 수고를 기울이고 싶어 하지 않는다는 거야. 또 어떤 사람들은 이렇게 단순한 방법이 실제로 효과가 있다는 사실을 믿지 못하는 것 같아.

또 하나의 좋은 예는 대화야. 나는 살면서 흥미로운 사람들을 많이 만나는 행운을 누렸어. 그중 어떤 사람은 아주 유명했고, 어떤 사람은 엄청나게 부유했으며, 어떤 사람은 전혀 알려지지 않았고, 어떤 사람은 성공하지 못했어.

나는 이들과 대화할 때마다 무언가를 배우려고 노력했단다. 그래서 회의나 전화 통화가 끝난 뒤에는 늘 몇 분씩 시간을 내서 기억에 남는 내용을 적어두었지. 대화가 끝난 뒤에도 기억나는 내용이라면, 그건 분명히 중요한 것이었을 가능성이 높거든.

여러 학술 연구에 따르면 생각을 글로 적어두면 기억에 오래 남는다고 해. 이 방법이 모든 사람에게 효과가 있는지는 잘 모르겠지만 적어도 내 경우에는 놀라운 효과를 발휘했단다.

너희도 살면서 많은 사람을 만나게 될 거야. 그들의 삶과 직업, 그동안 배운 것들에 대해 질문하기를 두려워하지 말았으면 좋겠구나. 사람들은 대체로 자신에 대해 이야기하는 걸 좋아하니까. 특히 성공한 이들은 짧은 대화 속에서도 값진 아이디어를 건네주곤 한단다.

중요한 건 그런 배움을 그냥 흘려보내지 않고 기록하는 거야. 우리 뇌는 무한정 많은 정보를 저장할 수 없기 때문에 적어두지 않으면 언젠가 잊고 말거든.

매일 몇 분이라도 시간을 내어 배운 것들을 기록해두자.

미래의 너희가 반드시 고마워하게 될 거야.

아빠가

세상 사람들은 끊임없이 배우는 사람과
그렇지 않은 사람, 두 부류로 나뉜다.

Letter 52.
돈을 많이 버는 것보다 적게 쓰는 것이 먼저다

소피아와 레오에게

돈이 세상을 움직이는 시대야. 그러니까 돈을 지배하는 방법을 배우면 평생 자유롭게 살아갈 수 있을 거란다.

살면서 너희도 알게 되겠지만 인생의 모든 단계에서 돈 문제로 어려움을 겪는 사람들을 만나게 될 거야. 많은 사람이, 자신이 충분히 돈을 벌지 못한다고 불평하지만 사실 진짜 문제는 따로 있단다.

대부분의 경우 문제는 '소득'이 아니라 '지출'에 있어. 버는 것보다 더 많이 쓰기 때문에 문제가 생기는 거지. 이런 사람들은 생활 수

준을 유지하려고 신용카드와 대출에 의존하는 경향이 있어.

우리가 취할 수 있는 접근 방식 두 가지를 알아보자.

2014년 너희 엄마가 뉴욕으로 이사했을 무렵 엄마의 연봉은 약 3만 5,000달러였어. 세금, 공과금, 교통비, 집세를 내고 나면 생활비로 쓸 수 있는 돈이 얼마 남지 않았단다. 그래서 엄마는 주당 108달러를 재량 지출 예산으로 정하고, 세계에서 가장 비싼 도시 중 하나인 뉴욕에서 그 돈으로 살아야 했어.

엄마는 지출을 초과하지 않기 위해 매주 지출 내역을 꼼꼼히 적었단다. 택시를 타면 택시비를 기록하고, 맥도날드에서 7달러짜리 식사를 해도 기록했지. 가판대에서 2달러짜리 생수를 사도 반드시 적어두었어. 그렇게 적은 금액 하나하나까지 모두 기록했단다.

이런 세심함 덕분에 결국 엄마는 빚 없이 생활할 수 있게 되었고, 더 좋은 직장을 찾은 후에는 더 높은 연봉을 받게 되었어. 규율을 지킨 결과였지.

이걸 마이애미에 살 때 만났던 젊은 IT 기업가의 방식과 비교해 보자. 그는 자신이 부유해 보여야만 투자자들이 자기 회사에 투자하고 싶어 할 거라고 생각했어. 그래서 자기 형편에 맞는 삶을 살지 않고 빚을 내서 부유한 삶을 영위했지.

이건 진정한 부가 아니라 신기루에 불과해.

그가 타고 다니는 페라리는 리스한 차였고 매주 주말마다 소셜 미디어에 올리던 보트도 임대한 거였어. 시간이 지나면서 그의 신용카드는 한도를 초과했고 아파트 임대료도 항상 늦게 냈다는 걸 알게 되었지.

이 기업가는 너희 엄마와 반대되는 접근 방식을 취한 거야.

결국 그 남자는 매달 지불해야 하는 돈을 감당할 수 없게 되었고 은행에서 그의 자산을 하나씩 회수하기 시작했어. 처음에는 보트를 가져갔고, 결국 차와 아파트도 가져갔지.

마지막으로 들은 소식에 따르면, 그 기업가는 개인 파산 신청을 한 뒤 부모님 집에 들어가서 살게 되었다고 하더구나.

만약 지금 그에게 질문할 수 있다면 "그렇게 살 만한 가치가 있었나요?"라고 묻고 싶어. 그는 아직 손에 넣지도 못한 삶의 이미지를 만들기 위해 분수에 맞지 않는 과한 소비를 했어. 사회적 인정에 대한 갈망이 그의 이성을 압도했던 거지.

절대로 버는 돈보다 더 많이 써서는 안 돼.

세부적인 지출을 꼼꼼히 관리하고 정해진 규칙을 지키도록 하자. 분수에 맞게 생활하면 언젠가 진정한 부와 자유를 누릴 수 있는 기회를 얻게 될 거야.

아빠가

버는 돈보다 많이 쓰는 건
개인의 자산 관리에서 저지를 수 있는 가장 큰 실수다.
버는 돈보다 적게 써야 한다.
간단한 규칙이지만 지키기가 매우 어렵다.

Letter 53.
일찍 매도하는 사람이 수익을 얻는다

소피아와 레오에게

투자는 정말 어려운 일이야. 장기간에 걸쳐 꾸준히 잘하는 게 가장 어려운 일 중 하나일지도 몰라. 투자에 관해 한 가지 팁을 주자면 상황이 좋을 때 매도해야 한다는 거란다. 조금 이상하게 들릴지도 모르겠지만 왜 그런지 이유를 설명해줄게.

세상에는 너희가 투자할 수 있는 주식, 채권, 통화, 상품이 수만 가지나 존재한단다. 투자할 수 있는 대상이 너무 많아서 거의 무한하다고 해도 과언이 아니지. 그런데 아무리 조사를 많이 해서 투자

대상을 고른다 해도 역사를 보면 늘 같은 결과가 반복되었단 걸 알 수 있어. 다시 말해 어떤 자산은 가치가 상승하고 또 어떤 자산은 가치가 하락한다는 거야.

이건 아주 정상적인 현상이니 걱정할 필요 없단다.

하지만 부를 쌓고 싶다면 가치가 오른 자산 중 일부를 매도해야 한다는 사실을 반드시 기억하렴.

이와 관련된 옛말이 있는데 주기적으로 되뇔 만한 가치가 있어. "내 부자 친구들은 모두 너무 일찍 매도했다."

투자가 순조롭게 진행되면 그 가치가 끝없이 오를 것 같은 착각에 빠지기 쉽단다. 네 삶을 바꿔줄 기회를 발견했다고 흥분하기도 하고, 마치 네가 주변 사람 중 가장 똑똑한 사람인 것 같은 기분이 들기도 하지. 하지만 이건 인간이라면 누구나 빠지기 쉬운 함정이니까 조심해야 해. 나 역시 인정하고 싶지 않지만 이런 실수를 여러 번 저질렀단다.

가치가 올랐던 투자 대상은 결국 가치가 떨어질 수밖에 없어. 가치가 하락하는 이유는 여러 가지야. 이유가 명확할 때도 있지만 그렇지 않은 경우도 많아. 하지만 그건 중요하지 않단다.

중요한 건 매도하기 전까지는 이익금을 손에 넣지 못한다는 거지. 은행 계좌에 돈이 입금되기 전까지는 아무것도 확실하지 않아. 다시 말해 너희가 손에 돈을 쥐지 않으면 그건 진정 너희 돈이 아니란 뜻이야.

매도는 대부분의 사람이 생각하는 것보다 더 중요하단다. 우리는 '투자'에만 너무 많은 관심을 기울이고 '매도'에는 별로 관심을 두지 않아.

왜 그럴까?

가장 큰 이유는 매도한 뒤에도 자산 가격이 계속해서 오를까 봐 두려워하기 때문이야. 그러면 자신이 실수한 것처럼 느껴지겠지. 더 많은 이익을 거둘 수 있었는데 너무 빨리 팔았다고 생각하는 거야. 결국 손해를 봤다는 상실감을 느끼는 거지. 하지만 그런 함정에 빠지면 안 돼. 그건 지나친 탐욕일 뿐이야.

투자는 이익을 얻기 위해 자본을 위험에 노출시키는 행위란다. 그리고 이익을 얻는 유일한 방법은 자산 가치가 올랐을 때 과감히 매도하는 거지. 여기서 가장 중요한 부분은 '이익을 얻는' 거야. 그리고 이익을 얻는 유일한 방법은 자산 가치가 상승했을 때 매도하는 것이란다.

한꺼번에 모두 팔 필요는 없어. 조금씩 나눠서 매도해도 돼.

대개의 경우 자산을 매도하고 나면 일정 기간 가격이 계속 상승한단다. 하지만 그래도 괜찮아. 다음 사람을 위해 이익을 약간 남겨 주는 것도 좋잖아.

우리 목표는 자산 시장의 정점을 맞춰서 매번 최대한의 수익을 거두는 게 아니란다. 그냥 이익을 얻는 게 목표지. 그리고 이익을 얻으려면 자산을 팔아야 해.

    기억하렴. 부자 친구들은 모두 너무 일찍 매도했다는 걸.

    더 많은 수익을 얻으려 지나치게 욕심내지 말고 이익이 났을 때 매도하는 습관을 들이도록 하자. 나중에 네 은행 계좌가 분명 고맙다고 할 거야.

아빠가

돈이 은행에 입금되기 전까지는
내가 거둔 이익이 아니다.

Letter 54.
좋은 자산을 사서 '영원히' 보유하자

소피아와 레오에게

워런 버핏은 역사상 가장 위대한 투자자 중 한 명이야. 그리고 이 말을 한 걸로도 유명하지.

"우리가 가장 좋아하는 보유 기간은 '영원히'다."

이건 아빠가 너희에게 꼭 가르쳐주고 싶은 가장 중요한 재정적 교훈 중 하나인데, 그 이유를 설명해줄게.

시간의 시험을 견뎌낼 수 있는 자산이나 기업은 정말 드물어. 몇 년 전으로 돌아가 당시 세계 최고의 기업 목록을 현재의 목록과 비교해보면 얼마나 많이 달라졌는지 알 수 있을 거야. 신생 기업들은 새로운 것을 만들어내며 혁신을 일으키고, 이런 혁신은 기존 시장을 지배하던 기업들을 위협하지. 결국 오래된 기업들은 사라지고 새로운 기업들이 그 자리를 채우게 돼.

생명의 순환이 자연계를 지배하는 것처럼 자산과 회사에도 생명의 순환이 존재한단다.

투자자라면 이걸 반드시 알고 있어야 하지. 자산을 사서 가격이 오르면 매각해서 이익을 얻고 싶을 때가 있을 거야. 하지만 때로는 좋은 자산을 사서 아주 오래 보유하고 싶을 때도 있단다. 이 두 번째 상황이 바로 인생을 바꿀 수 있을 만큼 큰 수익을 만들어내는 지점이야.

그런 자산을 찾으려면 두 가지 요소를 꼭 살펴봐야 해.

하나는 연평균 성장률이 높은 자산, 다른 하나는 향후 다른 사람이 지장을 주지 못하도록 보호벽이 있는 자산.

아빠의 경우 이 기준을 충족하는 자산이 비트코인이었어. 2017년에 처음 비트코인을 사기 시작했는데 당시 연평균 성장률이 100퍼센트가 넘었어. 그리고 몇 달 동안 깊이 공부한 끝에 이보다 더 뛰어난 디지털 통화를 만들어내는 건 사실상 불가능하겠다고 확신하게 되었지.

하지만 일단 원리를 이해한 뒤에는 비트코인을 최대한 많이 매입

했단다. 어떤 계획하에 그렇게 했냐고? 내 계획은 매우 단순했어. 비트코인을 계속 보유하다가 자녀에게 물려주고, 그다음에는 손주에게 물려주는 거야.

비트코인을 노골적으로 비판한 워런 버핏의 조언을 비트코인 투자에 적용하는 게 이상하게 들릴 수도 있겠지. 하지만 '좋은 자산을 오래 보유하라'는 그의 조언은 내 투자 활동에 완벽하게 맞아떨어졌어.

너희도 언젠가 인생에서 이런 자산을 한두 가지쯤 찾아내는 걸 목표로 삼기를 바란다. 시간의 시험을 이겨낼 수 있는 자산은 흔치 않아. 하지만 긴 시간 동안 많은 조사를 하고 깊은 이해를 통해 정말 가치 있는 자산을 찾게 된다면 어떻게든 그걸 보유해야 한단다. 분명 그렇게 할 수 있을 거야.

빌 밀러Bill Miller라는 남자는 1990년대 후반에 아마존에 투자했어. 닷컴 버블이 붕괴됐을 때 대부분의 투자자는 IT 주식을 최대한 많이 팔아치웠지만 밀러는 반대로 했지. 아마존 주식을 최대한 많이 매입하려고 애썼던 거야.

결국 밀러는 아마존 창업자인 제프 베이조스Jeff Bezos를 제외하면 아마존의 최대 개인 주주가 되었어. 아마존이 주가 폭락에서 회복되는 동안에도 밀러는 주식을 계속 보유했고, 결국 최근 몇 년 동안에는 아마존이 최고의 투자처 중 하나가 되었지.

빌 밀러와 워런 버핏처럼 해보자. 그들의 투자 전략을 따라 해보렴. 훌륭한 자산을 찾아서 계속 보유하는 거야. 그게 바로 진정한 부를 창출해서 재정적 자유를 얻는 방법이란다.

아빠가

세계 최고의 투자자들은
오랜 시간 동안 아무것도 하지 않는 데
매우 능숙하다.

Letter 55.

사진은 시간 속에 얼어붙은 기억이다

소피아와 레오에게

가능하면 사진을 자주 찍어두렴.

새로운 사람을 만날 때도, 오랜 친구들과 어울릴 때도, 낯선 곳으로 여행을 떠날 때도, 인생에 중요한 순간이 찾아왔을 때도 말이야.

그렇게 찍은 모든 사진은 돌에 새겨진 기억과도 같단다.

당장은 매일 찍은 사진을 들여다보지 않을 수도 있어. 어떤 사진들은 찍었다는 사실조차 잊은 채 지낼지도 몰라. 하지만 먼 훗날, 문득 사진첩을 펼쳐보게 되는 날이 올 거야. 그러곤 추억을 더듬겠지.

사진 속에는 즐거웠던 시간, 소중한 친구들, 설레던 여행지의 풍경이 담겨 있을 거야. 사진을 바라보는 것만으로도 추억이 떠오르고 아마 저절로 미소가 지어지겠지.

사진을 찍는 건 아빠가 나이 들면서 가장 감사하게 여기는 활동 중 하나가 되었단다. 어릴 때 찍었던 사진 속에는 운동 경기에서의 승리, 고등학교 친구들과의 추억, 신나는 파티의 한 장면들이 남아 있어.

그때 아빠는 패션 감각이 꽝이었단다. 그래서 지금 보면 다소 부끄러운 사진도 있긴 하지만 그 사진들은 모두 내게 큰 행복을 안겨 주었던 소중한 순간들의 기록이야. 더불어 삶의 다양한 측면을 기억하는 데 많은 도움이 되지.

심지어 너희 엄마를 처음 만난 날의 사진도 있단다. 아침에 커피를 마시러 카페에 갔다가 엄마를 처음 만났고, 첫눈에 반한 아빠는 그날 저녁 함께 식사하자고 엄마에게 청했지. 그만큼 엄마에게 끌렸거든. 서로를 알게 된 첫날 두 번 데이트를 한 셈이란다.

그날 밤 술집에서 함께 찍은 사진에는 다른 사람도 두 명 있는데 사실 그들 이름은 기억나지 않아. 하지만 그건 중요하지 않지. 엄마와 아빠가 새로운 인연에 들떠 있는 모습이 고스란히 담겨 있다는 게 중요하단다. 특별한 기억이 담긴 아주 소중한 사진이야. 정말 멋지지 않니.

군 복무 시절에 찍은 사진도 있는데 멋진 장면과 위험한 장면이 섞여 있어. 대학 때 찍은 사진에는 평범한 학생으로서의 모습과 미식축구 선수로서의 모습이 담겨 있지. 솔직히 말해서 대학 시절 사진 가운데 최고는 아마 파티에서 찍은 사진일 거야. 학생 시절 아빠는 파티라면 빠지지 않았단다.

물론 사회생활을 시작하고 찍은 사진도 있지. 공동 창업자들과 함께 첫 사업을 시작할 때의 사진도 있고 페이스북에서 일할 때의 사진도 있어. 그리고 인도, 이스라엘, 나이지리아, 콜롬비아, 아이슬란드, 푸에르토리코, 싱가포르, 멕시코, 아일랜드, 스페인, 이탈리아, 바하마, 캐나다, 인도네시아, 불가리아, 그리스, 이라크, 쿠웨이트, 영국 등 수년간 다닌 여러 여행지에서 찍은 사진도 수백 장 있단다. 흐려지는 기억 속에서도 내가 방문한 장소들을 절반 가까이 기억할 수 있는 이유는 그때 찍은 사진들 덕분이야.

조언하는 김에 한 가지를 덧붙이고 싶구나.

아빠가 어릴 때는 생일이나 특별한 여행 같은 큰 사건이 있을 때만 카메라를 켜서 촬영했단다. 하지만 요즘은 달라. 누구나 주머니 속 스마트폰으로 하루에도 수백 장씩 사진을 찍을 수 있지. 그러니 의미 있는 순간들을 남겨두고, 시간을 내서 사진을 자주 살펴봤으면 좋겠구나.

인간의 뇌는 훌륭하지만 그럼에도 우리 기억은 완벽하지 않아.

인간의 기억은 시간이 지나면 흐릿해지게 마련이란다. 하지만 사진은 우리가 만났던 아름다운 사람들과 놀라운 경험을 영원히 간직하게 해줄 거야.

사진을 자주 찍으렴. 훗날, 나이 든 네가 고맙게 여길 날이 반드시 올 거야. 그리고 너희가 남긴 사진들은 앞으로 너희를 사랑하게 될 미래의 사람들에게도 귀한 선물이 될 거란다.

아빠가

인생은 추억을 위한 것이다.
사진으로 그 추억을 붙들어보자.

Letter 56.
세상을 바꾸는 건
늘 이상한 것들이다

소피아와 레오에게

훌륭한 아이디어 중에는 처음에 이상하게 들렸던 것들이 많단다. 어떤 것들이 있는지 살펴볼까. 에어비앤비Airbnb는 창업자들이 주방 바닥에 깔아놓은 에어 매트리스를 빌려주면서 시작되었어. 페이스북은 하버드 캠퍼스에서 매력적인 사람을 찾기 위한 웹사이트에서 시작되었고, 인터넷은 괴짜들끼리 서로 소통할 수 있는 네트워크 형태로 시작되었지. 인간이 비행기를 타고 새처럼 날 수 있다는 생각은 터무니없어 보였고, 지구가 태양을 공전한다는 이론도 처음에는 모두 미친 소리처럼 여겨졌단다.

하지만 중요한 건 그런 '이상한 생각'들이 진화하면서 결국 세상을 바꿨다는 사실이야.

아빠는 살아오면서 이 패턴이 반복되는 걸 수없이 봐왔어. 가장 좋은 예가 비트코인이란다. 이 디지털 화폐 이야기를 처음 들은 건 2010년대 초반이야. 아빠도 솔직히 처음에는 믿기 어려웠어. 정부도 통제할 수 없는 돈이라니, 당시에는 범죄자나 반정부 인사들만 관심을 가질 거라고 생각했지.

하지만 아빠의 생각이 틀렸단다. 초기에는 사람들의 관심을 거의 받지 못했던 비트코인이 어느새 세계 금융 시장에서 뉴스의 중심이 되었거든. 결국 수조 달러의 가치를 지니게 되었고 지금은 세계 최고의 투자자들 대부분이 보유하고 있어.

오늘날까지도 비트코인을 누가 만들었는지 아무도 몰라. 발명되기 전까지는 이와 비슷한 것도 없었고 아이디어도 기이했지. 게다가 초기에 비트코인을 받아들인 사람들마저도 특이했어. 한마디로 비트코인과 관련된 모든 것이 이상했지.

하지만 그것이 비트코인의 성공을 가로막지는 못했단다. 오히려 비트코인을 더욱 특별하게 만들었어. 그리고 처음 세상에 등장하고 몇 년이 지나서야 비트코인을 화폐로 받아들이게 된 거야.

비트코인이 성공한 건 조금 이상했기 때문일지도 모른단다. 비트코인은 세계의 다른 모든 통화와 반대되는 방식으로 만들어졌거든. 이런 비주류적인 접근 방식, 익숙한 방향이 아니라 남다른 길을 걸은 것이 성공의 비결이었던 거야.

이상한 것들이 세상을 바꿀 수 있단다.

그러니 너희도 이상한 생각을 두려워하지 말았으면 좋겠구나. 이상한 아이디어가 떠오르면 포기하지 말고 끝까지 따라가보는 거야. 이상한 것에 관심이 생기면 시간을 들여 더 깊이 알아보도록 하자. 그리고 세상을 다르게 보는 친구를 만나면 그 친구와 많은 이야기를 나눠보면서 그들의 관점을 이해해보렴.

사람들은 보통 익숙한 것을 좇지만, 세상을 진짜로 바꾸는 건 언제나 '이상한 것'들이란다. 남들이 이해하지 못한다고 해서 신경 쓸 필요 없어. 처음엔 쉽지 않겠지만 남들 시선에서 벗어나는 연습을 해보는 거야. 진짜 위대한 일일수록 처음엔 이상하게 보이기 마련이니까.

언젠가 너희도 스스로 선택한 길을 걸으며, 세상의 기준이 아니라 자신의 기준에 맞춰 풍요롭고 행복한 삶을 살아가기를 바란다.

아빠가

독립적인 사고는
모든 올바른 결정의 근원이다.

Letter 57.
앉아만 있어서는
특별한 삶을 살 수 없다

소피아와 레오에게

소파에 앉아만 있어서는 특별한 삶을 살 수 없단다. 세상을 직접 보고 경험하지 않으면 세상을 제대로 이해할 수 없어.

여행은 너희가 받을 수 있는 최고의 교육이야. 여행을 다니다 보면 다른 문화를 직접 경험할 수 있고, 다른 사람들이 매일 어떻게 살아가는지 눈으로 확인할 수 있으니까. 그러면 우리가 누리고 있는 기회와 특권이 얼마나 소중한지 더 깊이 깨닫게 될 거야.

아빠는 여행을 갈 때마다 더 많은 걸 배우고 멋진 영감을 얻어서 돌아왔단다.

2017년에는 2주 동안 나이지리아로 여행을 갔는데 그건 평범한 여행이 아니었어. 아빠와 친구는 미국인 관광객들 대부분이 머무는 빅토리아섬이 아니라 라고스의 컴퓨터 빌리지에서 1.5킬로미터쯤 떨어진 곳에 있는 호텔 방을 빌렸단다. 그곳은 나이지리아에서 가장 큰 도시의 중심부지.

그곳을 여행하면서 아빠는 미래와 과거가 동시에 밀려오는 듯한 느낌을 받았어.

나이지리아는 더 나은 인프라와 안전, 경제적 기회가 필요한 개발도상국이야. 일부 나이지리아인들은 기본적인 삶의 조건조차 충족하지 못한 채 살아가고 있었는데 그 빈곤의 수준은 차마 보기 힘들 정도였지. 많은 이가 희망을 잃은 듯했어.

하지만 동시에 인구는 빠르게 증가하고 있었고 젊은 층이 많았지. 전문가들은 2050년이 되면 나이지리아 인구가 미국보다 많아질 거라고 예측하고 있단다. 인터넷과 스마트폰 보급률도 개발도상국 중에서는 가장 높은 수준이라고 하더구나. 그 이야기를 듣자 마치 미래를 엿보는 듯한 기분이 들었어.

이게 다가 아니란다. 여행 중 특별한 경험을 하게 되었지.

친구와 우버를 타고 가던 중이었는데 교통 검문을 하던 경찰관이 우리 차를 도로변에 세우라고 했어. 그리고 몇 분 뒤 경찰관이 우리더러 차에서 내리라고 하더구나.

경찰관은 우리가 누구고 어디로 가는지는 묻지도 않은 채 지갑에 있는 돈을 내놓으라고만 했어. 정말 충격적이었지. 미국에서는 절대 일어날 수 없는 일이니까.

하지만 다행히 우리는 이런 일들이 일어날지도 모른다는 걸 미리 들어서 알고 있었어. 내 현금은 운전석 아래에 놓여 있었고 친구 돈은 양말 안에 들어 있었지. 그래서 그냥 미소를 지으면서 경찰관에게 돈이 없다고 말했어.

결국 경찰관은 우리를 보내줬지. 실랑이를 벌이는 동안에도 우리가 안전하지 않다거나 위험에 처해 있다고 느끼지는 않았지만, 그 순간은 아빠에게 강렬한 인상을 남겼단다. 그리고 세상은 생각보다 훨씬 더 다양한 모습으로 존재한다는 걸 새삼 실감할 수 있었지.

요새도 종종 그때의 경험을 떠올리곤 해. 아빠가 여행을 좋아하는 이유를 완벽하게 보여주거든. 이처럼 여행은 책이나 영상을 통해 배우는 것과는 전혀 다른 깊이의 깨달음을 준단다.

소파에 앉아만 있어서는 특별한 삶을 살 수 없어. 직접 발로 걷고, 눈으로 보고, 마음으로 느껴야 해. 실제 경험을 대체할 수 있는 건 없단다.

어떻게든 시간을 내서 여행을 다녀봐. 다른 도시, 다른 주, 혹은 전 세계 어디든 갈 수 있어. 세상 밖으로 나가 살아보는 거야. 관광객들이 몰려드는 명소만 둘러보지 말고 지역 주민들과 대화하며 그곳의 진짜 모습을 찾아보렴. 사람들 무리를 따라다니지 말고 너만의 독특한 경험을 찾는 게 중요해.

이제 고인이 된 셰프 앤서니 보뎅Anthony Bourdain의 말로 편지를 마무리할게.

"여행이 항상 아름답거나 편안하지는 않다. 때로는 힘들고 심지어 가슴을 저며놓기도 한다. 하지만 그래도 괜찮다. 여행은 당신을 변화시킨다. 변화시킬 수밖에 없다. 기억과 의식, 마음과 몸에 흔적을 남기기 때문이다. 거기서 무언가를 가져오게 될 테니 부디 좋은 것을 남기고 오길 바란다."

아빠가

세상의 다양한 곳을 다니고
다양한 사람을 만나라.
그 모든 경험이 쌓여서 우리를 더 단단하고
풍요로운 사람으로 만들어줄 테니.

Letter 58.
인생은
한 편의 다큐멘터리처럼

소피아와 레오에게

너희의 일상을 다큐멘터리로 만든다고 생각해보면 남다른 삶을 살 수 있을지도 몰라.

좋아하는 다큐멘터리나 영화를 떠올려보렴. 지루한 부분이 전혀 없을 거야. 누구라도 평범하고 지루한 일상을 담은 영화를 보고 싶어 하지는 않지. 모험과 성취, 창의적인 문제 해결 방법, 신나고 짜릿한 순간들이 있어야 해. 자기 인생을 멋진 영화처럼 만들어간다고 생각해보렴. 그렇게 생각하다 보면 정말 그렇게 살아갈 수 있을 거야.

너희가 태어나기 전, 엄마가 내게 이런 질문을 한 적이 있어. "혹시 뉴욕시 마라톤에 참가하지 않을래?"

나는 싫다고 대답했지. 뉴욕에 오래 살았으니 이 도시를 더 자세히 살펴보기 위해 마라톤까지 할 필요는 없다고 생각했어.

솔직히 말하면 그냥 마라톤이 하기 싫었어. 42.195킬로미터를 달린다는 생각만으로도 무릎이 시큰거렸거든. 하지만 너희 엄마는 나를 정말 잘 알고 있었단다.

일주일 뒤에 다시 이렇게 묻더라.

"그리스에 가서 최초의 마라톤 코스를 달린다면 어떤 기분일까?"

그 질문이 내 관심을 끌었지. 너희 엄마는 이번 경주가 열리는 코스는 약 2,500년 전에 아테네의 전령 페이디피데스가 마라톤 전장에서 아테네로 승리 소식을 전할 때 달렸던 바로 그 코스라고 설명해줬어.

그 말을 듣자마자 꼭 참가해야겠다는 생각이 들더라. 최초의 마라톤 코스를 달린다는 건 정말 멋진 일이잖니. 이런 서사시 같은 스토리가 부여된다면, 42.195킬로미터를 달리면서 느끼게 될 고통을 참아낼 가치가 충분하다고 여겼지.

몇 달 뒤 우리는 그리스로 날아가서 마라톤에 참가했어. 마라톤 코스는 정말 끔찍했단다. 언덕도 많고 태양이 무자비하게 내리쬐고 있었지. 너희 엄마는 울기까지 했지 뭐니.

하지만 우리는 진정한 아테네 마라톤을 완주했어.

2,500년 전 그 길을 달려 현대 올림픽의 발상지인 아테네 올림픽 경기장까지 이어지는 코스였지. 우리는 페이디피데스가 수천 년 전에 내디뎠던 역사적인 발자취를 정복했을 뿐만 아니라, 앞으로 수백 번 이상 다시 이야기할 수 있는 서사시적인 경험을 했단다. 보렴, 지금도 그 이야기를 다시 하고 있잖니.

다큐멘터리를 제작하는 것처럼 인생을 살아간다는 건 바로 이런 거야.

우리는 평범하고 반복적인 일상에 빠져들기 쉽지만 현실에 안주하려는 마음과 싸워야 해. 지루한 전기 영화를 보고 싶어 하는 사람은 없단다. 멋진 일을 하면서 모험하고, 행동하고, 가슴 뛰는 경험을 쌓아가자꾸나.

앞으로 다른 사람들에게 들려줄 만한 좋은 이야깃거리가 생길 수 있도록 추억을 만들어가자.

아빠가

인생을 최적화하는 데만 몰두하다 보면,
정작 그 인생을 즐기는 걸
잊어버릴 수 있다.

Letter 59.

우리는
모두 죽을 운명이다

소피아와 레오에게

우리는 모두 언젠가 죽게 될 거야.

아빠가 스무 살이 되었을 때 이 진실을 깨달았고, 이 깨달음은 내 인생을 완전히 바꿔놓았단다. 그때 아빠는 이라크의 바그다드 북쪽에 배치된 젊은 군인이었어. 그런데 어느 날 자정이 지난 새벽에 순찰을 돌다가 적의 공격을 받았지.

폭탄, 총격, 탱크, 헬리콥터. 마치 영화에서 튀어나온 듯한 끔찍한 혼란이 벌어진 거야.

혼란이 좀 가라앉은 뒤에 살펴보니 적군이 아군 한 명을 죽였더구나. 우리는 적군 한 명에게 부상을 입혀서 포로로 잡았지.

그 후 기지로 돌아갈 때의 심정을 결코 잊지 못할 거야. 난 충격을 받았고 슬프고 화가 났어. 그리고 한편으로는 감사한 마음도 들었지. 내가 전사한 군인이 될 수도 있었다는 사실을 깨달았거든.

그날 이후로 내 삶은 예전과 달라졌어. 모든 인간은 결국 죽음이라는 같은 종착점에 도달한다는 사실을 뼛속 깊이 각인하게 되었으니까. 사람은 누구나 죽는다는 사실을 새삼스레 깨달은 뒤에야 비로소 진정한 삶을 살게 된단다.

유명한 철학자 마르쿠스 아우렐리우스는 이렇게 말했어. "사람이 두려워해야 할 것은 죽음이 아니라 삶을 시작하지 못한 것이다."

나 역시 그렇게 느꼈기에 그날 이후로는 영광의 불꽃 속에서 살아야겠다고 다짐했어. 가까운 사람들과의 관계에 아낌없이 투자하고, 더 많은 곳을 여행하고, 놀라운 경험을 쌓았단다. 지구에서 보내는 짧은 시간을 즐기며 열정적으로 살기 시작한 거야.

너희도 그렇게 살았으면 좋겠구나.

아빠의 오른쪽 손목에는 전사한 군인의 이름이 새겨진 금속 팔찌가 있어. 이 팔찌가 매일 나에게 상기시켜준단다. 삶은 결코 당연한 게 아니라는 것을. 그리고 이 시간이 끝나기 전에 마음껏 살아야 한다는 것을.

젊을 때는 자기 삶이 영원히 이어질 것처럼 생각하기 쉬워. 솔직히 말해서 30년, 40년, 50년은 정말 영원처럼 느껴지기도 하지.

하지만 시간은 생각보다 금방 지나간단다. 책임감은 거의 없고 야망만 가득하던 10대 청소년이 어느 순간 정신을 차려보면 중년이 되어 있을 거야. 그러곤 아이들이 생기고, 책임져야 할 일들이 늘어나고, 모험을 향한 열정이 점점 사그라든 자신을 발견하겠지.

모든 이가 겪는 이 불가피한 흐름을 일찍 깨달을수록 삶에서 더 많은 기쁨을 누릴 수 있다는 걸 기억하자.

모든 사람은 결국 죽는단다.

소름 끼치는 말처럼 들릴지 몰라도 사실이야. 그걸 받아들여야 진짜 인생을 시작할 수 있어.

아빠가

당신도 언젠가는 죽을 것이다.
우리가 이 세상에 머무는 시간은 한정되어 있으니
대담하고 용감하고 야심 찬 일을 하자.

Letter 60.

선택의 순간, 산책부터 하자

소피아와 레오에게

아빠는 복잡한 문제가 생길 때마다 걸으러 나가. 천천히 걷다 보면 복잡했던 생각들이 저절로 정리되는 걸 느끼게 되거든. 그래서 아빠는 이해할 수 없는 문제에 직면할 때마다 밖으로 산책하러 나간단다. 직장에서 생긴 문제일 수도 있고, 어떻게 해결해야 할지 막막한 관계 문제일 수도 있어. 아니면 그냥 새로운 아이디어를 찾으려는 걸 수도 있지.

장거리 산책은 언제나 문제 해결에 도움이 돼.

혹시 이 편지를 읽으며 시큰둥한 표정을 짓고 있니? 그 전에 산책이 아이디어 생성에 도움이 된다는 사실이 과학적으로 입증되었다는 걸 알아두자.

그럼 과학적인 증거를 살펴볼까. 그중 하나는 산책이 심박수를 증가시켜서 뇌로 더 많은 혈액이 공급된다는 거야. 또 걷는 동안 새로운 뇌세포 연결이 대거 활성화된대. 그리고 마지막으로, 우리 뇌는 걷기 같은 반복적인 활동에 집중하는 동안 배후에서 문제를 해결하도록 만들어져 있다고 해.

이유가 무엇이든 문제가 생기면 밖으로 나가 걸어보렴.

수세기 동안 수많은 성공한 기업가, 투자자, 사상가들이 이 비밀을 알고 실천해왔지. 걷는 습관이 있었던 유명인으로는 찰스 다윈, 알베르트 아인슈타인, 루트비히 반 베토벤, 아리스토텔레스, 소크라테스, 임마누엘 칸트, 프리드리히 니체, 윌리엄 워즈워스, 헨리 데이비드 소로, 버지니아 울프 등이 있단다.

이들은 우리가 본받기에 모자람이 없는 사람들이야.

내가 걸으면서 생각에 잠기고 싶을 때 가장 즐겨 찾는 곳은 뉴욕 센트럴 파크란다. 세계에서 가장 큰 도시 중 하나인 뉴욕의 혼란스러운 북적임에 둘러싸여 있는 곳이지. 하지만 그곳에서는 잠시 세상과 거리를 두고 오롯이 나 자신과 머릿속 생각에만 집중할 수 있어. 다시 말해 아빠가 산책을 즐기는 최애 장소인 셈이지.

공원을 거닐다 보면 관광객을 태운 마차, 잔디밭에서 피크닉을 즐기는 커플, 신나게 달리는 아이들, 노래를 부르는 거리 음악가, 농담을 주고받는 경찰관들, 그리고 프레첼과 탄산음료를 파는 푸드 트럭까지 다 볼 수 있어. 정말 다양한 사람들과 풍경이 눈에 들어온단다.

이 모든 자극이 뇌를 깨우는 거야. 덕분에 머리는 과몰입 상태가 되고, 몇 초마다 아이디어가 하나씩 떠올라. 좋은 아이디어도 있지만 대부분은 별로 쓸모가 없어. 하지만 중요한 건 좋은 아이디어를 최대한 많이 떠올리는 게 아니란다. 지금 겪는 문제를 해결할 수 있는 단 하나의 아이디어를 찾는 게 핵심이지.

이게 아빠가 다른 사람들을 산책에 초대하기 시작한 이유야.

보통은 너희 엄마가 내 옆에서 함께 걷지. 내가 가장 좋아하는 산책 파트너거든. 우리는 걷는 동안 각자 안고 있는 문제를 함께 이야기하고, 서로 아이디어를 주고받는단다. 브레인스토밍을 해서 해결책을 찾으려면 과몰입 상태로 일하는 뇌가 두 개인 편이 낫거든. 그리고 아이디어가 떠오르면 서로에게 말하지.

세상에 어리석은 아이디어 같은 건 없어. 때로는 별것 아닌 생각이 더 좋은 생각의 출발점이 되어주기도 하니까. 서로의 아이디어가 영감을 주어서 더 좋은 아이디어를 촉발시킬 수도 있고.

걷고, 말하고, 밖에서 생각하기.

이 단순한 행동들이 내게는 가장 창의적인 문제 해결 방법이 되어주었어. 세상에서 가장 똑똑한 사람들도 수천 년 동안 그렇게 해 왔단다.

산책은 언제나 좋은 선택이야.

아빠가

가족과 함께 밖으로 나가 산책하는 것보다
즐거운 일은 많지 않다.

Letter 61.
운동으로 극복하지 못할
스트레스는 없다

소피아와 레오에게

매일 운동하는 걸 잊지 말자.

그러면 좋은 날은 더 좋은 날로 바뀌고, 나쁜 날은 좋은 날이 될 수 있단다. 운동은 우리 인생에서 장점만 있고 단점은 없는 드문 일 중 하나야.

아빠는 사업을 처음 시작했을 때 스트레스를 가장 많이 받았어. 할 일이 끝도 없이 이어졌고 생각이 이리저리 요동쳐서 밤에 쉽게 잠들지 못했지. 원래 복잡한 생각은 숙면의 적이란다.

그래서 어느 날부턴가 밤늦은 시간에 달리기를 하기로 했어. 어디까지 달릴지, 얼마나 오래 달릴지는 생각하지 않았어. 그냥 운동화를 신고 밖으로 나가 동네를 달리기 시작한 거야.

헤드폰도 쓰지 않았고 휴대폰도 가지고 나가지 않았지.

마치 나와 내 생각 외에 세상에 아무것도 존재하지 않는 것처럼 느껴졌어. 달리는 동안 내 마음이 정처 없이 방황하기 시작하더구나. 끝내지 못한 일, 해결되지 않은 문제들을 곱씹었거든.

그러다가 갑자기 이상한 일이 일어나기 시작했어. 달리면 달릴수록 오히려 머릿속이 점점 맑아지기 시작하는 거야. 더 많은 아이디어가 떠올랐고, 당면한 문제에 대한 창의적인 해결책이 생각났지. 그것뿐만이 아니야. 할 일 목록에 올라와 있는 일들이 더 이상 극복할 수 없는 거대한 산처럼 느껴지지 않았어.

그날 아빠는 인생의 중요한 교훈을 얻었단다. 적절한 운동은 모든 스트레스를 날려버린다는 것을 말이야.

운동 종류는 중요하지 않아. 달리거나 30분간 요가를 하거나 지칠 때까지 무거운 역기를 들거나 무엇이라도 괜찮아. 어떤 방식이든 일정 시간 몸을 움직이는 행동 자체가 핵심이야.

과학자들은 운동을 하면 엔도르핀이나 기분을 좋게 하는 호르몬이 분비된다고 말해. 의사들은 운동이 혈압을 낮추고 신체를 건강하게 유지한다고 말하지. 심리학자들은 운동이 창의력과 정신적 에너지를 높인다고 하고.

   그들 말이 모두 맞아.

   운동은 여러모로 유용하고 중요하단다. 그중에서도 운동의 가장 좋은 점은 그 모든 효과를 굳이 이해하지 않아도 누릴 수 있다는 거야. 이론을 몰라도 괜찮아. 꾸준히 움직이기만 하면 몸과 마음이 알아서 반응할 테니까.

   매일 몸을 움직이자. 그러면 더 행복해지고, 더 건강해지고, 더 생산적인 삶을 살 수 있을 거야.

아빠가

운동은 신체 훈련으로 가장한
정신 훈련이다.

Letter 62.
어떤 표정으로
하루를 시작할 것인가

소피아와 레오에게

매일매일을 적극적으로 열심히 살아야 한단다.

아빠는 매일 아침 일어나서 하는 일이 두 가지 있어. 첫째는 거울을 보며 미소를 짓는 거야. 둘째는 "오늘도 좋은 하루가 될 거야."라고 큰소리로 혼잣말을 하는 거지.

이건 수년 동안 하루도 빠짐없이 반복한 루틴이란다. 정말 단 하루도 거르지 않았어. 너희도 이 두 가지를 반드시 실천했으면 좋겠구나. 행동과 말이 정신 상태를 바꿀 수 있다는 걸 알려주는 연구는 수도 없이 많단다. 못 믿겠다고? 그럼 지금 당장 시도해보렴.

편지 읽는 걸 잠시 멈추고 1분 동안 미소를 지어보자.

곧장 더 밝고 가벼운 기분이 들 거야.

왜 그런 일이 생기는지 설명할 수는 없지만 개인적인 경험으로 그게 사실이라는 걸 알게 되었단다. 미소는 우리를 기분 좋게 해주고, 우리 뇌와 마음을 긍정적인 방향으로 이끌어주거든.

좋은 하루가 될 거라고 스스로에게 말하는 것도 마찬가지 효과를 발휘하지. 그 한마디가 오늘 하루를 어떤 분위기로 살아갈지 결정해준단다. 너희가 뱉는 말이 결국 현실이 되는 거지.

하루를 기분 좋게 시작하는 것이 우울한 기분으로 시작하는 것보다 훨씬 좋은 이유를 생각해보렴. 어제 있었던 일로 여전히 화를 내거나, 아침에 휴대폰을 열어 부정적인 뉴스로 기분이 다운된 채 하루를 시작하고 싶은 사람이 있을까.

제발 그러지 말자. 기분 나쁘게 하루를 시작할 가능성을 아예 없애야 해. 미소를 지으며 오늘은 좋은 하루가 될 거라고 다짐하는 건 정말 단순한 방법이지만, 그 효과는 결코 작지 않아. 무엇보다 아빠는 오랫동안 이 행동을 반복하면서 또 다른 사실을 알게 됐단다.

매일 아침 이런 일을 하겠다고 정해놓은 것이 행동에 의도성을 부여한다는 점 말이야. 아빠는 미소 짓는 걸 기억하려고 잠시 시간을 냈고, 큰소리로 좋은 하루가 될 거라고 말하면서 몇 초를 보냈어.

겉으로 보면 별것 아닌 작은 행동처럼 보일 수 있겠지. 하지만 이런 작은 투자가 성공을 향해 준비하고 있다는 사실을 스스로에게 보여준단다.

앞서도 말했지만 난 행운을 믿지 않아. 행운은 진짜가 아니야. 하지만 하루를 긍정적인 마음으로 시작하면 그날 하루가 달라질뿐더러 해야 할 일을 끝낼 가능성이 높아진다는 건 분명하지. 아빤 그걸 믿어. 실제로 경험했으니까.

매일 아침 거울 앞에서 미소를 지으면서 오늘도 즐거운 하루가 될 거라고 자신에게 말해주자.

분명한 차이를 느끼게 될 거야.

아빠가

오늘 아침 엘리베이터에서 어떤 남자를 만났다.
그는 환한 미소를 지으며 날씨에 관해 농담하더니
배꼽이 빠지도록 웃었다.
삶을 즐기는 사람에게는 확실히 특별한 힘이 있다.

Letter 63.
매일 밤
의사를 찾아가라

소피아와 레오에게

잠을 무엇보다 중요하게 여길 필요가 있단다.

잠은 자연의 의사야. 마치 마법처럼 우리 몸을 치유하고 내일에 대비할 에너지를 제공하지. 잠을 잘 자면 피부가 좋아지고 신체도 젊게 유지돼. 또 잠은 생명을 구하는 데도 도움이 된단다.

이 정도로 중요한 게 바로 잠이야.

솔직히 말하면 아빠는 이 단순한 진실을 깨닫는 데 거의 30년이나 걸렸어. 젊었을 때 아빠는 수면을 별로 중요하게 생각하지 않았단다. 밤늦게까지 깨어 있다가 아침 일찍 일어나는 걸 자랑처럼 여겼지. 하루에 네 시간에서 여섯 시간 정도만 자고, 남는 시간은 모두 '더 열심히 사는 데' 써야 한다고 믿었어. 그보다 더 많은 시간 자는 건 시간 낭비라고 생각했단다.

이런 잘못된 생각이 내가 하는 모든 일을 지배했어. 심지어 누군가 더 많이 자라고 하면 "잠은 죽어서 자면 되지."라고 대꾸할 정도였으니까. 하지만 그건 정말 어리석은 생각이었어. 과학적 증거를 들이대거나 어렵게 설명할 필요도 없어. 그냥 직접 경험해보니까 알겠더라고.

그럼 어쩌다 아빠 생각이 바뀌었는 줄 아니?

팬데믹이 미국을 강타하고 다들 집에 갇혀 지내던 시기가 있었지. 늦은 밤에 외출할 수도 없고 다음 날 아침 일찍 일어나 서둘러 출근할 필요도 없었어. 오랜만에 여유 시간이 생긴 거야.

난 그 시간을 잠을 보충하는 데 썼어. 일찍 잠자리에 들고 느지막이 일어났어. 그리고 그때부터 진지하게 수면 루틴을 손보기 시작했단다. 방 온도는 어느 정도가 적당할까? 자기 전에 술을 마시면 수면의 질이 좋아질까, 나빠질까? 캐모마일 차를 마시면 어떨까? 운동과 식사는 잠자리에 들기 몇 시간 전에 마쳐야 할까?

처음에는 이 질문들에 대한 답을 하나도 몰랐지만 결국 알아냈지. 그러자 마법 같은 일이 생기기 시작했단다. 잠을 충분히 자기 시작하자 몸도 마음도 눈에 띄게 건강해졌어. 매일 기분이 점점 더 좋아지고 에너지가 넘쳤으며 정크푸드에 대한 갈망도 줄어들었지. 무엇보다 중요한 건 생산성이 높아졌다는 거야.

수면 시간을 늘리고 수면의 질을 높이자 자연이 내 몸을 치유하면서 재충전하게 도와주었어. 그리고 몸과 뇌 전체의 호르몬이 최적의 균형을 이루게 되었지. 여덟 시간 숙면이 이렇게 강력한 힘을 발휘한다는 걸 직접 경험한 뒤로는 다시는 예전처럼 살고 싶지 않았어.

내가 지금도 수면을 우선시하는 건 이때의 경험 때문이야. 잠이 얼마나 중요한지 깨닫고 나면 결코 예전으로 돌아갈 수 없단다. 푹 자고 난 뒤의 기분에 중독되거든. 세상에 이만한 게 또 있을까 싶다. 약도, 술도, 어떤 보조제도 좋은 수면이 주는 회복력과 만족감을 이길 수는 없어.

잠은 자연의 의사야. 매일 밤 이 훌륭한 의사를 만나러 가는 걸 잊지 말자.

아빠가

양질의 수면을 위한 비결
· 신체 활동을 늘려서 몸을 지치게 한다.
· 잠자리에 들기 전에 음식을 먹지 않는다.
· 알코올을 제한한다.
· 당분을 피한다.
· 방과 침대 온도를 서늘하게 유지한다.
· 일찍 잠자리에 들도록 알람을 설정한다.
쉬운 규칙이지만 따르려면 자제심이 필요하다.

Letter 64.
직감은
곧 알고리즘이다

소피아와 레오에게

때론 그 무엇보다 너희의 직감을 믿어야 해.

직감은 무작위적이고 비과학적이라고 여길 수도 있지만 실제로는 결정을 내릴 때 활용할 수 있는 가장 확실한 신호 정보 중 하나야.

인간을 컴퓨터라고 생각해보자. 컴퓨터에는 하드웨어와 소프트웨어가 있지. 우리는 몸을 관리하면서 끊임없이 하드웨어를 개선하고 세상이 우리를 향해 던지는 모든 것을 이겨낼 회복력을 키우고 있어.

그와 동시에 우리의 소프트웨어, 즉 생각하고 결정하는 능력은 우리가 소비하는 정보, 겪은 경험, 세상에서 받은 피드백을 바탕으로 매일 업데이트되고 있단다. 살아가는 매 순간 우리는 스스로의 의사 결정 알고리즘을 훈련시키고 있는 셈이지.

경험 많은 사람은 경험이 부족한 사람보다 대체로 더 나은 결정을 내린다는 걸 생각하면 이해하기 쉬울 거야. 항상 그런 건 아니지만 대부분 그렇단다. 그들은 더 많은 걸 봐왔고 다양한 결정과 상황이 어떻게 전개되는지도 이미 경험해봤기 때문이지.

아빠도 젊을 때는 직감을 믿는 것에 신중했어. 가급적 많은 정보를 수집하고 싶어 했고 상황을 과도하게 분석했지. 중요한 결정을 내려야 할 때는 기나긴 장단점 목록을 작성했고. 어떻게 보면 직감을 믿을 용기가 없어서 결정을 미루기도 했던 거 같아.

하지만 흥미로운 일이 일어나기 시작했단다. 시간이 지나면서 깨달았어. 내가 올바른 결정을 내렸던 순간들은 대부분 초기의 직감과 일치했고, 직감을 무시했을 때는 오히려 잘못된 결정을 하게 된다는 걸. 덕분에 직감을 믿어도 된다는 자신감이 생겼지.

실제로 직감 덕분에 목숨을 구한 적도 있단다. 형과 함께 인도를 여행했을 때 일이야. 우리는 2주 동안 이 아름다운 나라를 여행하면서 다섯 개의 도시를 방문했어. 놀라운 여행이었지만 하마터면 여행을 완전히 망칠 뻔한 위험한 일이 벌어졌단다.

2017년 새해 전야에 형과 나는 고아라는 도시의 해변에 있었어. 사업을 하면서 사귄 몇몇 친구들과 함께 W호텔에서 축하 파티를 열었지. 그런데 파티장을 막 나서려던 순간 손님 한 명이 해변에 인접한 호텔에서 열린 다른 파티에 우리를 초대했어.

호텔 입구에 다다르자 안내원이 친구들은 들여보내면서 우리 형제만 막아서더라. 우리는 왜 파티장에 들어갈 수 없는 거냐고 묻자, 안내원 중 한 명이 언성을 높이며 공격적으로 변했어. 그중 한 명이 "여기는 고아야. 당신들 같은 미국인은 당장 꺼지라고. 아니면 여기서 사라지게 해줄게."라는 말까지 하더구나.

그 말 한마디에 우리는 즉시 상황이 위험해졌다는 걸 직감했어. 형과 함께 바로 자리를 떠나 해변을 걷기 시작했지. 하지만 여전히 뭔가 불길한 기분이 들더구나. 우리 내면의 알고리즘이 아직 위험에서 벗어나지 못했다고 계속 알려줬던 거야.

누군가 우리를 따라오는 것 같았지만 밤이라 캄캄해서인지 아무것도 보이지 않았어. 그래서 우리는 조용히 모래턱을 넘은 다음 조용히 숨어서 기다릴 수 있는 곳을 찾아 몸을 숨겼지.

아니나 다를까 몇 분 뒤, 사륜구동차와 오토바이를 탄 청년들이 몽둥이를 들고서 우리를 찾으려고 해변을 누비고 다니더구나. 내가 살면서 그렇게 큰 두려움을 느낀 건 그때가 처음이었어. 형과 함께 휴대폰도 터지지 않는 지구 반대편에 와 있는데 남자들 한 무리가 우리를 찾아다니고 있었으니까.

다행히 우리는 해가 뜰 때까지 몇 시간 동안 들키지 않고 그곳에 숨어 있을 수 있었단다. 날이 밝고 우리는 W호텔로 돌아가 렌터카를 찾아서 그 지역을 떠났어. 그날 밤 우리가 직감을 믿지 않았다면 무슨 일이 벌어졌을지 누가 알겠니.

인간은 20만 년에 걸쳐 진화해오면서 위험을 감지하는 능력을 키워왔어. 이런 직감은 그냥 생긴 게 아니란다. 결코 무시해선 안 돼.

본인이 인류의 진화보다 똑똑하다고 생각해서 직감을 무시하는 건 정말 어리석은 일이야. 직감을 믿어. 사업을 하든, 사람을 만나든, 인생의 중요한 갈림길에 서든, 심지어 목숨이 걸린 순간에도 네 직감을 믿어야 해.

직감은 알고리즘이야. 그리고 그 알고리즘은 너희가 살아온 모든 순간이 모여 만들어낸 가장 소중한 무기란다.

아빠가

자신을 믿고 직감을 신뢰하자.

Letter 65.

편지는
타임캡슐과도 같다

소피아와 레오에게

이 편지 모음집을 마무리하면서 마지막으로 꼭 전하고 싶은 이야기가 있어. 편지를 쓰는 것의 소중함에 대해 말하고 싶구나.

가급적 자주 편지를 쓰렴.

이 교훈의 가장 좋은 예는 바로 나야. 아빠는 너희 엄마를 만나기 전까지는 글쓰기를 싫어했어. 글쓰기라고 하면 학교가 떠올랐고, 무엇보다 내가 글을 잘 못 쓴다고 생각했거든.

하지만 너희 엄마는 나를 나보다 더 잘 알았지. 그래서 글을 더 자주 써보라고 독려해줬고 구체적인 방법도 알려줬단다. 엄마가 알려준 간단한 방법 중 하나는 주변 사람을 한 명 골라서 특정한 주제에 대해 편지를 쓰는 것이었어. 놀랍게도 한 사람을 염두에 두고 글을 쓰니까 글쓰기가 훨씬 수월해지더라.

이 책은 내가 소피아와 레오, 너희 둘에게 쓴 편지들을 모은 거야. 나는 수년에 걸쳐 이 편지들을 썼지. 살면서 중요한 교훈을 얻을 때마다 그 교훈의 의미를 내 안에 깊이 새겼단다. 그리고 언젠가 너희가 내 경험을 통해 무언가를 배울 수 있도록 기록을 남겨두고 싶었지. 이 과정을 거치는 데는 시간이 많이 걸렸지만 너희가 편지를 읽으면서 뭔가 하나라도 배운다면 그걸로 충분히 가치 있고 보람된 일이라고 생각해.

그리고 또 하나 재미있는 사실이 있단다.

아빠는 너희들을 위해 편지를 썼다고 생각했는데, 정작 이 책이 가장 필요한 사람은 바로 '나'라는 거야. 편지를 쓸 때마다 내가 배운 교훈을 비판적으로 다시 생각해야 했어. 편지를 엉성하게 쓰면 보내는 사람의 생각이 받는 사람에게 잘 전달되지 않거든. 명확한 글은 명확한 생각에서 나오는 법이니까. 글을 쓰면서 내 생각도 또렷하게 다듬어졌단다.

그러니까 글쓰기를 좋아하든 싫어하든 상관없이 꼭 편지를 쓰도록 노력하렴. 예를 들어, 엄마 생일에 엄마에게 편지를 써서 가장 고

마운 점을 전해보자. 가장 친한 친구에게 편지를 써보자. 함께 보낸 즐거운 순간을 기록하고, 언젠가 함께 꺼내 읽을 수 있도록 해보자. 그리고 미래의 자신에게도 편지를 써보렴. 지금 품고 있는 꿈과 목표, 기대감과 희망사항을 적어보는 거야.

편지는 너희가 지금까지 배운 모든 것과 아직 배우지 못한 것들을 담는 타임캡슐과도 같아. 무슨 말이라도 괜찮아. 오늘 당장 편지 한 통을 써보자.

아빠가

편지는 우리가 배운 모든 것과
아직 배우지 못한 것들을 담는
타임캡슐 역할을 한다.